DON BOSCO
VERLAG

Die Deutsche Bibliothek – CIP-Einheitsaufnahme

Ein Titeldatensatz für diese Publikation ist
bei Der Deutschen Bibliothek erhältlich.

1. Auflage 2001 / ISBN 3-7698-1295-6
© 2001 Don Bosco Verlag, München
Umschlag und Layout: Margret Russer, München
Satz: undercover, Augsburg
Produktion: Don Bosco Grafischer Betrieb, Ensdorf

Gedruckt auf umweltfreundlichem Papier

Der Herausgeber **Frank Jansen** arbeitet als Referent beim
Verband Katholischer Tageseinrichtungen für Kinder (KTK) –
Bundesverband e.V. und ist Chefredakteur der pädagogischen
Fachzeitschrift „Welt des Kindes".

Kindertageseinrichtungen konkret Strategien für Ihren Erfolg

> **Herausgegeben von Frank Jansen**

Hermann-Josef Schlicht

Don Bosco

Das Praktikum in der Ausbildung

> Tipps und Hilfen
  für angehende Erzieherinnen

Inhalt

4

Kapitel 4
Wie Sie Ihren Arbeitsplatz erkunden können

Kapitel 5
Wozu die Hospitation einer Lehrerin gut sein kann

Kapitel 6
Wie Sie mit Ihrer Praktikumsanleiterin eine Arbeitsbeziehung entwickeln

Kapitel 7
Abschied als Chance

Inhalt

5

Vorwort

Bestimmt kennen Sie den Philosophen Karl Jaspers. Der hat einmal die Weisheit formuliert, das Worte nur belehren, die eigentliche Bildung aber durch das Leben geschieht, das heißt durch das, was wir konkret erfahren. Dieser Grundsatz trifft sicherlich nicht nur auf Kinder zu. Er gilt auch für uns Erwachsene, und damit für Sie als angehende Erzieherin. Und schon sind wir mitten im Thema. Als Praktikantin einer Kindertageseinrichtung haben Sie die Möglichkeit, Ihr schulisches Wissen zu überprüfen, zu erweitern und wenn notwendig zu korrigieren. Sie sprechen nicht nur über Kinder, sondern Sie begegnen ihnen. Sie denken nicht nur darüber nach, wie man richtig erzieht, sondern Sie erziehen selbst. Sie überlegen nicht mehr lange, wie Sie in welcher Situation auf Kinder wirken, sondern Sie hinterlassen bleibende Eindrücke. Anders ausgedrückt: Sie stehen mitten im Leben. Damit Sie in dieser wichtigen Phase Ihrer Ausbildung erfolgreich sind, sollten Sie gut vorbereitet sein. Hermann Josef Schlicht beschreibt Ihnen in seinem Buch wie das geht. Schritt für Schritt wird dargelegt, was Sie im Vorfeld Ihres Praktikums berücksichtigen sollten, auf was es während Ihrer praktischen Arbeit ankommt und wie Sie Ihre Erfahrungen gut aufbereiten. Bestimmt macht es Ihnen Spaß, dieses Buch zu lesen. Nicht nur weil die Inhalte wichtig sind, sondern weil es gleichzeitig auch noch ganz witzig geschrieben ist. Also, worauf warten Sie noch. Ich wünsche Ihnen ein paar interessante, aber auch amüsante Stunden.

Frank Jansen

Einleitung

Was Sie in diesem Buch finden können und was nicht

Der Titel eines Buches verheißt eine Botschaft. Er kündigt eine Stellungnahme an oder verspricht die Lösung eines Problems. Mit den Praktika während der Erzieherausbildung verbinden sich für manche Studierende aufregende Anforderungen. Meist jedoch ist ein Praktikum willkommen. Endlich können Sie wieder mit Kindern zusammen sein und näher bei Ihrem beruflichen Interesse. Ein Praktikum mutet Ihnen einen wichtigen Perspektivenwechsel zu: Deutlicher als beim schulischen Lernen sind Sie jetzt ernsthaft mitverantwortlich für Kinder. Sie müssen zunehmend eigenständiger handeln, den Alltag von Kindern mitgestalten und besondere Spielaktionen mittragen. Während eines Praktikums ist leichter zu begreifen, dass Sie selbst Subjekt Ihres Lernens, Ihrer beruflich-fachlichen Entwicklung sind.

Das Buch will Sie darin unterstützen, Praktika als Bewährungsproben Ihres erzieherischen Handelns, als Chancen für die Entwicklung Ihrer praktischen Fähigkeiten zu begreifen. Die hier angestellten Überlegungen und Anregungen konzentrieren sich auf Blockpraktika, die Sie während Ihrer Ausbildung absolvieren. Dennoch sollte es Ihnen nicht schwer fallen, entsprechende Folgerungen für das Berufspraktikum zu ziehen. Auch Vorpraktikantinnen werden für ihre Verhältnisse, besonders für Reflexionsgespräche in Berufsschulklassen, inhaltliche Anregungen entdecken können.
Zentrales Anliegen dieses Buches ist: Sie können lernen, Ihre Praktikumszeit eigeninitiativ zu nutzen. So wollen die Überlegungen Sie ermuntern, nicht auf Anweisungen und Aufgaben Ihrer Praktikumsanleiterin zu warten, oder darauf, was die „Methodik-Didaktik-Lehrerin" an Leistungen fordert. Sie selbst können am aussichtsreichsten Ihre Ausbildung voran treiben. Dazu sind hier etliche Ideen, Übungen, Fragen zur Selbsterforschung, Gedanken und Gespräche von Studierenden zusammengestellt.
Vielleicht wird es Sie bei der Durchsicht der Gliederung oder beim Blättern bestürzen, was alles vor und während eines Praktikums

fragwürdig, also befragenswert sein kann. Wenn Sie das Buch als Sammlung von Problemen ansehen, werden Sie es mit Schwung in eine Ecke befördern. Unter dieser Perspektive gehört es dann auch dort hin. Dieses Werk will aber zu aufmerksamem Wahrnehmen anregen. Voraussetzung dafür ist, sich vor allem im Fragen zu üben. Damit stärken Sie Ihre Fähigkeit, realitätsgerecht wahrzunehmen, was für Kinder nötig ist und wie mit Kindern angemessen pädagogisch-praktisch gearbeitet werden kann.

Ein Praktikum macht Freude, wenn nicht hinter jedem Schritt ein abgründiges Problem lauert oder bedeutungsschwere Verantwortlichkeit über einen hereinbricht. Sie sollen sich nicht im Grübeln üben, sondern Freude haben am Umgang mit den Kindern. So geht es hier nicht einfach darum, was man im Praktikum am besten macht. Hier folgt auch kein Ratgeber: So absolvieren Sie Ihr Praktikum richtig und erfolgreich! Es wäre vermessen festzuschreiben, was für Sie ein erfolgreicher Schritt zur beruflichen Professionalität ist. Es geht darum, dass Sie sich anregen lassen, das Zusammensein mit Kindern zu genießen und überlegte Schritte für Ihre berufliche Entwicklung zu wagen. Sie allein können ermessen, was Ihnen hilfreich und nützlich ist für Ihr pädagogisches kompetentes Handeln.

So ist in dem vorliegenden Buch nicht alles für jeden Leser wichtig. Es ist ja auch nicht alles zu jeder Zeit wichtig. Sie müssen und sollen wählen. Wollten Sie alle hier aufgeführten Fragen, alle Übungen oder Vorschläge bearbeiten, hätten Sie einen erfüllten 24-Stunden-Tag oder einfach Kopfweh. Sie sollten vielmehr diejenigen Abschnitte näher studieren, die Ihnen zu einem bestimmten Praktikum reif und nützlich scheinen. Sie sollten sich auf diejenigen Fragen konzentrieren, die Ihnen helfen, sich in Ihrem Lernen besser zu verstehen oder die Ihnen eine Richtung für Ihre weitere beruflich-fachliche Entwicklung öffnen.
Damit sind wir schon mitten drin in den methodischen Fragen.

Wie Sie das Buch lesen können

Natürlich können Sie die bewährte Regel beachten: Bücher liest man von vorn nach hinten, Texte von links nach rechts. Aber es gibt noch andere Lesemöglichkeiten.

✴ Sie können vorrangig das berücksichtigen, worauf sich Ihr aktuelles Interesse richtet. Deshalb können Sie auch am Ende des Buches beginnen, wenn Sie wissen wollen, wie man sich von Kindern und Kollegen verabschieden kann.

✴ Sie können auch durch das Buch spazieren, den belehrenden Passagen Signora Dottis oder den immer wieder auftauchenden Gesprächen von Studierenden „zuhören". Sie können Annes Tagebuchaufzeichnungen durchblättern und dazu ein eigenes „pädagogisches Tagebuch" schreiben.

✴ Lust am Nachdenken und Experimentieren verschafft Ihnen einen anderen Lesezugang. Zu bestimmten Stichworten oder praktischen Herausforderungen gibt es Fragen. Zur Selbstvergewisserung oder zur Überprüfung Ihrer Fähigkeiten sind Übungen ausgearbeitet.

Einen besonderen Platz haben zwei theoretische Abschnitte. Sie können sie gefahrlos, aber nicht ungefährdet überblättern. Der eine Abschnitt gilt dem spannungsreichen Verhältnis von Theorie und Praxis. Immer wieder fragen sich Praktikanten, wie das, was sie während eines Praktikums bei Kindern vorfinden und das, was sie aus dem Unterricht über Kinder wissen, zusammengehen soll. Eine Antwortrichtung wird hier beschrieben.

Ein zweiter theoretischer Abschnitt gilt dem Begriff der „beruflichen Professionalität". Von manchen mit leuchtendem Garn auf ihr berufspolitisches Banner gestickt, verschreckt der Begriff andere, die Professionalität mit beruflicher Perfektion verwechseln. Also lesen Sie nach, was eine sozialpädagogische Professionalität bedeuten kann. Denken Sie die Gedanken weiter und entwickeln Sie damit Ihre berufliche Orientierung.

✴ Sie können bestimmte Textabschnitte im schulischen Unterricht auch als Diskussionsanregung nutzen. Geeignet sind dazu besonders die protokollierten Stellungnahmen verschiedener Studierender, Aussagen von Praktikumsanleiterinnen oder Vorlesungsmitschriften von Professoressa Dotti.

Wen Sie in diesem Buch kennen lernen

Ein Wort zu den im Text auftretenden Personen. Sven, Anne, Katharina und all die anderen Studierenden gibt es wirklich. Irgendwann und irgendwo habe ich sie durch meine berufliche Arbeit kennen gelernt, habe ihnen zugehört, mit ihnen gesprochen. Annes Tagebuchnotizen sind mir durch zahlreiche Praktikanten ins Gedächtnis geschrieben worden. Suchen Sie aber bitte nicht nach der famosen Professoressa Dotti aus Bologna. Auch eine Recherche über den Börsenverein des deutschen Buchhandels nach der antiquarischen Ausgabe von Alexa Goldbachs „Schatzkästlein" wird leer ausgehen. Beide Mitarbeiterinnen sind „Kopfgeburten", virtuelle Personen. Ihnen ist in den Mund gelegt, was in einem sachlich seriösen Text keinen Platz hat. Es ist merkwürdig, teils überzogen, lustig aber auch antiquiert. Dennoch bestimmen die Gedanken Signora Dottis und Alexa Goldbachs die Erfahrungen von Studierenden in der pädagogischen Praxis. Ich hoffe, Professoressa Dottis Forschungsbeiträge und Vorlesungsauszüge werden Sie amüsieren und Alexa Goldbachs „Schätze" zum Nachdenken anregen.

Wem ich danken möchte für die Unterstützung beim Entstehen des Buches

Die Idee für den besonderen Charakter dieses Büchleins vermittelte mir der Herausgeber der Reihe, Frank Jansen. Die inhaltlichen Ausführungen sind Ertrag einer nun schon zwanzigjährigen Zusammenarbeit mit Erzieherinnen und Studierenden an Fach- bzw. Kollegschulen in Nordrhein-Westfalen und in Hessen. Ohne deren vertrauensvolle Mitteilungen über Ausbildungsprobleme hätte ich nur wenig Einsicht in die Erlebniswelt von Studierenden gewonnen. Dank gilt meiner Frau, die mit kritischer Distanz die Textproduktion begleitete und mich an vielen Stellen anregend befragte. Ich danke der Erzieherklasse 02 an der Ketteler-La Roche-Schule, die mir kritische Rückmeldungen zu einigen Textpassagen gab. Aus Sicht der Studierenden las F. Bender die Textentwürfe genau und nannte mir Fragen, die Praktikantinnen beschäftigen.

Kapitel 1

Wie Sie sich auf das Praktikum vorbereiten

Hier beginnt ein Kapitel, das Ihre Orientierung vor dem Beginn eines Praktikums beleuchtet. Die folgenden Überlegungen, Gespräche, Fragen und Notizen wollen Sie zum Nachdenken darüber veranlassen,

* mit welchen Vorstellungen Sie sich auf ein Praktikum einstellen;
* mit welchen Erwartungen Sie von Lehrern und Praktikumsanleiterinnen rechnen müssen;
* wie Sie sich beruflich-fachlich entwickeln können.

Was kommt auf Sie zu?

Ein bevorstehendes Praktikum ist meist reizvoller als in der Schule im Klassenverband Gedanken über Erziehung auszutauschen oder gestalterische Aufgaben zu bewältigen. Das Ziel Ihrer Ausbildung ist pädagogische Handlungsfähigkeit mit und für Kinder. Und so bietet ein Praktikum Gelegenheit, sich pädagogisch zu erproben. Kinder fordern Sie direkt heraus, gemeinsam etwas zu unternehmen, zu helfen, etwas zu erklären oder zu regeln. So können Sie sich im Praktikum mit Ihrem Können erleben. Und Sie sehen ungebrochen und anschaulich, was Sie noch lernen müssen, um praktisch erfahren zu werden.

Wie einerseits etwas, das vor Ihnen liegt, Sie neugierig stimmt, so ist andererseits ein Praktikum mit Unsicherheiten umgeben. Sie ahnen vielleicht Herausforderungen so genannter „schwieriger" Kinder. Sie befürchten vielleicht, den alltäglichen Aufgaben in Ihrer Praktikumsstelle nicht gerecht werden zu können. Oder Sie ängstigen sich davor, von Erzieherinnen nicht verstanden, überfordert, gar abgelehnt zu werden.

Schließlich werden Sie während eines Praktikums selten unbeobachtet sein. Ihre Praktikumsanleiterin wird Sie beobachten und erwarten, dass Sie sich den alltäglichen Arbeitsaufgaben stellen. Eine Lehrerin oder ein Lehrer wird bei Ihnen hospitieren und kritisch abwägen, wie Sie sich bei Kindern verhalten. Die nachfolgenden Gedanken wollen Sie anregen, sich selbst auf die Spur zu kommen. Hören Sie in ein Gespräch hinein, das von Studierenden in einem betriebsamen Bistro, Ecke Heinemannstraße in F. geführt wurde. Was Sarah und Ingo, Ulli und Fatima lässig, cool, aufgeregt und ängstlich miteinander austauschten, hat einen nachhaltig wirksamen Hintergrund: Es geht um Ihre Einstellung, Ihre Motive, Ihre Ideen im Hinblick auf die Aufgabe, ein Praktikum erfolgreich zu bestehen.

Sara: *Komm Ingo, setz dich zu uns, wir quatschen gerade übers Praktikum.*

Ingo: *Ah, wie aufregend. Alles klar bei euch?*

Ulli: *Du hast wohl schon alles gecheckt, was?*

Ingo: *Mobb mich nicht so an, wenn du Wert auf meine Gesellschaft legst! – Einen Espresso, danke! – Na, Probleme?*

Sara: *Nee, ich bin froh, dass wir jetzt erst 'mal keine Schule haben. Wir labern doch schon viel zu lange in Pädagogik herum. Jetzt will ich praktisch loslegen.*

Ulli: *Hallo, Kinderchen, ich komme, eure Glücksfee ist da. Na, ich weiß noch gar nicht so recht, was ich im Praktikum soll. Der Wiggert hat uns noch nichts Genaues gesagt!*

Ingo: *Beobachten, immer zuerst die Kleinen beobachten, Bedürfnisanalyse und dann didaktisch zuschlagen!*

Sara: *Ja, ja. Und bei riesigen Nebenwirkungen fragen Sie Ihren Mentor oder die Praxisanleiterin. Mensch, seht das doch nicht so eng. Klar, wir müssen wieder so 'n Bericht schreiben, aber erst später. jetzt haben wir erst einmal freie Bahn: mit den Kiddis herumtoben, spielen, erzählen. Das macht doch allemal mehr Spaß, als in unserer Lehranstalt herumzusitzen.*

Fatima: *Trotzdem. Ich weiß noch gar nicht, wie ich auf die Kinder zugehen soll. Wenn ich da Montag in der Tür stehe, sag ich dann: Hallo, ich bin Fatima und will mit euch spielen. Das ist doch doof.*

Ingo: *Ich würde sagen: Hallo, ich bin's, Fatima; ich möchte mit euch lernen!*

Fatima: *Quark, du machst dir doch heimlich die meisten Gedanken, wie dein Praktikum ablaufen soll.*

Sara: *Ach, bist du kompliziert. Du gehst rein, sagst den Kindern, wer du bist und dass du die nächsten sechs Wochen da sein wirst und dann spielst du an irgendeinem Tisch mit. Meistens kommen irgendwelche Kinder auf dich zu.*

Ulli: *Gut und dann: spielen, aufräumen, basteln, singen, in den Wald gehen, frühstücken, tschuldigung: Wir müssen die Kinder ja beobachten und beschreiben. Also ich weiß nicht, ob ich mich darauf freuen soll!*

Sara: *Ich dachte, du wärst ganz gern mit Kindern zusammen?*

Ulli: *Na schon; aber das ganze Herumgetue jetzt von der Schule. Und dann kommt der Wiggert noch zu mir und will sehen, wie ich mit Kindern 'nen Obstsalat bastel. Also eigentlich will ich eher etwas mit Behinderten machen.*

Fatima: *Bei mir ist ein behindertes Kind in der Gruppe, hat meine Praxisanleiterin gesagt. Wie man sich da verhalten soll? Ich hab keinen blassen Schimmer.*

Ingo: *Guck doch erst mal hin, was die anderen Erzieherinnen tun. Was da zu machen ist, lernst du sowieso nur in der Praxis.*

Sara: *So sitzen wir betroffen, mein Job ruft und alle Fragen offen!*

Ein Praktikum ist für Sie eine komplexe Aufgabe. Vielfältige Kräfte wirken auf Sie ein:
- Wünsche und Ansprüche zahlreicher Kinder
- täglich zu erledigende Arbeiten
- die Aufgabenstellung der Schule
- Erwartungen Ihrer Praktikumsanleiterin und anderer Kolleginnen

Welche Kräfte können Sie einbringen, um den Herausforderungen gewachsen zu sein? Wie wollen Sie als Praktikantin im Praktikum möglichst erfolgreich mitwirken? Vielleicht verleiten Fantasien darüber, was auf Sie zukommen mag, zu lähmenden Befürchtungen. Befürchtungen lähmen, wenn Sie sie im Raum Ihrer Fantasie belassen. Befürchtungen können nützlich werden, wenn Sie sich dadurch zu Vorsicht und überlegtem Handeln anleiten lassen. Wenn Sie genau prüfen, was tatsächlich Sache ist, üben Sie Ihren Realitätssinn und gewinnen sicheren Boden unter den Füßen.

Diesem Zweck gelten die nachstehenden Erkundungen. Vergewissern Sie sich deshalb des schwäbischen Grundsatzes:

Nichts wird so heiß gegessen,
wie es gekocht wird!

Wer Anforderungen an Sie stellt

Zunächst mag es so erscheinen, als seien Sie im Praktikum von drei Seiten umzingelt: von Kindern, einem Mentor und einer Praktikumsanleiterin.

✵ Der Mentor einer Fachschule für Sozialpädagogik *(Fach-Akademie)* erwartet von Ihnen als Praktikantin den Nachweis einer reflektierten Handlungsfähigkeit.

Ihr Verhalten in einer Kindertagesstätte, wenn Sie beispielsweise mit Kindern reden, spielen, sie beobachten, mit ihnen singen, lachen, sie zurecht weisen, kurz, ihre vielfältigen Handlungsweisen sollen von Ihnen prinzipiell pädagogisch begründet werden können. Ein Mentor wird auf den erzieherischen Willen Ihres beiläufigen wie gezielten Handelns achten. Er wird von Ihnen den Nachweis eines kind-, sach- und situationsgemäßen Verhaltens fordern.
Eine wöchentlich organisierte Harry-Potter-Lesereise im Hort könnte Kinder sowohl entspannen als auch ein konzentrierendes Zuhören fördern. Vorlesen soll gleichsam die schulpädagogische Sachorientierung ausgleichen und fantasiereiche Gestaltungskräfte entfalten.
Begeisterte Zustimmung werden Sie bei einem Mentor wecken, wenn Sie Kinder beim Backen mit unterschiedlichen Abmessgefäßen han-

tieren lassen und sie beim Umschütten gleichsam zufällig entdecken können, dass 200 g Mehl oder 200 g Zucker als Menge gleich bleibt, trotz unterschiedlicher Höhe in den Messgefäßen. Wie in einem Piagetschen Experiment haben Sie die Kinder zu einer intelligenten Lösung gegenüber widersprüchlich erscheinenden Mengen geführt.

✳ Eine Praktikumsanleiterin wiederum verlangt von Ihnen oft unausgesprochen den Nachweis von Handlungsfähigkeit als umstandslose Einpassung in alltägliche Handlungsabläufe. Sie sollen sich bei erzieherischen Aufgaben bewähren; z.b.: „Organisieren Sie heute 'mal das Frühstück!"

Wunderbar, wenn es Ihnen gelingt, innerhalb weniger Tage zahlreiche unausgesprochene Gruppenregeln zu erfassen und gegenüber den Kindern zu vertreten. Lobenswert, wenn Sie auf dem Weg zur Küche Erik darauf hinweisen können, sein Täschchen nicht an Liselottes Arm, sondern an seinem Kleiderhaken zu befestigen. Falls es Ihnen dann noch gelingt, die verschmutzten Handtücher aus dem Waschraum einzusammeln, Vera die verrutschte Zopfspange zu richten, dann die Waschmaschine bei 60° Grad zu starten und den Kolleginnen erneut die Kaffeekanne zu füllen, sind Sie perfekt. Geizen Sie nicht mit einem aufmunternden Lächeln gegenüber Ihrer Gruppenerzieherin: „Was darf ich denn beim Elternabend übernehmen?"

Die Ironie etwas zurückgestellt: Sie bekommen Erwartungen zu spüren, die Ihrem Praktikum unterschiedliche Akzente setzen.
Und was ist mit den Ansprüchen von Kindern?

✳ Kinder begegnen Ihnen ununterbrochen mit Forderungen, Absichten und Ansprüchen. Zahlreiche Wünsche sollen erfüllt werden, und zwar jetzt, bitte sofort!

Henri füttert Klara unaufgefordert mit seiner Milchschnitte, Ines braucht Klebstoff, Uwe will mit einem Bilderbuch sein Wissen um den Tyrannosaurus Rex vorführen, derweil Kerstin vom Krankenhausbesuch bei ihrer Oma erzählt.
Aber eigentlich sollen Sie doch die Bedürfnisse von Kindern ermitteln, müssten beobachten, nachfragen, erforschen und nachdenken: Warum versuchen Wilma und Sascha den ganzen Vormittag Dreijährige zu wickeln? Und was braucht Anja, wenn sie sich jeden Morgen unter einem Tisch verkriecht?

Wo bleiben Sie in diesem Netz von Anforderungen, Aufgaben und Wünschen? Es ist wichtig, dass Sie Ihre Position realitätsgerecht erkennen. Sie werden sich entwickeln können, wenn Sie Chancen entdecken, wie auch Ihre Wünsche, Ideen und Absichten wirksam zu entfalten sind.

Realitätsgerecht werden Sie sich dann organisieren, wenn Sie neugierig-fragend Situationen untersuchen und Ihre Handlungsspielräume auskundschaften. Sie werden in Ihrem Praktikum etwas erreichen und erfolgreich sein, wenn Sie lernen, zwischen Ihrem eigenen Wollen und fremdem Sollen Kompromisse auszuhandeln. Auf diese Weise finden Sie zu einer konstruktiven, realitätsgerechten Anpassung. Beginnen Sie also mit Ihrer ersten Forschungsreise.

Die eigene Motivation ergründen

Um zu einer stärkeren Selbstbestimmung zu finden, ist es nützlich sich zu vergewissern, was Sie von sich selbst im Praktikum erwarten. In welcher Weise wollen Sie Ihr Praktikum absolvieren?
• Wollen Sie es möglichst stress- und konfliktfrei hinter sich bringen?
• Hoffen Sie darauf, die Zeit mit den Kindern auskosten zu können?
• Wollen Sie im Praktikum mehr Sicherheit gewinnen?
Prüfen Sie einmal für sich, was Sie in einem Praktikum wollen! Schreiben Sie auf einem gesonderten Blatt Ihre Absichten auf. Beginnen Sie eine „Positivliste" mit den Worten: In meinem Praktikum will ich ... Vergleichen Sie Ihre Liste mit den Absichten anderer Studierender:

In meinem Praktikum will ich ...
... mit Kindern Spaß haben.
... entdecken, was Kinder können und womit sie sich auseinander setzen.
... herausbekommen, ob mich die Kinder mögen.
... Kinder trösten, ihnen zuhören, sehen, was sie beschäftigt und bedrückt.
... mit Kindern singen, spielen, basteln usw.
... die Hospitation des Mentors überstehen.
... den Kindern bei ihren Beschäftigungen zuschauen, mich daran erfreuen.
... den Kindern beibringen, wie sie die Natur entdecken können.
... herauskriegen, wie man Eltern anspricht.
... mit Kindern überlegen, wie sie ihre Streitereien selbst lösen können.
... meine Spiel- und Gestaltungsideen ausprobieren.
... den Praktikumsbericht gut hinkriegen.

Was ist für Sie vorrangig? Wenn Sie eine zufrieden stellende „Positivliste" von Motiven und Zielvorstellungen zusammengestellt haben, sollten Sie die einzelnen Absichtserklärungen nach ihrer Wichtigkeit ordnen. Können Sie sich entscheiden oder scheint Ihnen irgendwie alles wichtig?

Gibt es Überschneidungen zwischen dem, was Sie in Ihrem Praktikum wollen, und den Absichten Ihres Mentors, Ihrer Praktikantenanleiterin?

Wenn Sie nur ahnen, was Ihr Mentor oder die Praktikantenanleiterin von Ihnen im Praktikum erwarten, haben Sie die Wahl ...

- ... ihre Vermutungen und Fantasien zu pflegen und sich damit selbst zu verunsichern.
- ... Lehrer und Praktikantenanleiterin zu fragen, was sie von Ihnen wollen.
- ... darauf hoffen, dass Ihnen jemand das Fragen abnimmt.
- ... darauf vertrauen, das Ganze schon irgendwie durchzustehen.

Entscheiden Sie also, was Sie tun wollen und was Sie tatsächlich tun werden. Im Kräftedreieck zwischen Praktikantinnenanleiterin, Mentor und Ihnen selbst wird festgelegt, ob ein Praktikum gelingt, ungenutzt verstreicht oder gar scheitert. Nur vordergründig betrachtet definieren vor allem die Lehrer das Praktikum. Auch die Kinder werden mit ihren Ansprüchen einen mächtigen Einfluss ausüben. Wenn Sie jedoch selbst nichts wollen, werden Sie vornehmlich dem Willen anderer gehorchen. Sie werden sich anpassen oder gar unterwerfen. Um das zu vermeiden, müssten Sie wissen, was Sie in Ihrem Praktikum wollen. Sie müssen auch berücksichtigen: Was soll ich im Praktikum wollen?

Erst aus der Zusammenschau eigener Motive und Absichten einerseits, fremden Erwartungen und Anforderungen andererseits, können Sie realistisch entscheiden, was Sie tun müssen und tun können. Sie werden vom Mentor und Ihrer Praktikumsanleiterin beurteilt und bewertet werden. Lernen Sie also bei Ihrer Arbeit zu unterscheiden zwischen lustbetonter Kür beim Mitspielen in der Kindergruppe und pädagogisch gerechtfertigter Pflicht bei Hilfen zur Konfliktlösung. Einerseits wird Ihre Fähigkeit gefordert, Ihr Kind-Ich ins Spiel zu bringen ohne zum fünfundzwanzigsten Kind zu mutieren. Andererseits verlangt pädagogisches Handeln die Durchsetzung des Realitätsprinzips, die Konfrontation der Kinder mit Ihrem Erwachsensein. Beide Ansprüche fordern immer wieder kluge Kompromisse und Ausgleich, also eine nicht hoch genug zu schätzende Fähigkeit professionellen Handelns.

Ein Praktikum dient nicht ausschließlich dem harmonischen Zusammensein mit Kindern, gezieltem Spiel oder der Entwicklungsförderung. Zunehmend werden Ihre kommunikativen Fähigkeiten in der Zusammenarbeit mit Erwachsenen, mit Kolleginnen, mit Lehrern, Eltern, Angestellten der Einrichtung und mit Vertretern des Trägers gefordert sein.

> **Aus dem „Schatzkästlein" von Alexa Goldbach**
> *Aus einem Praktikum können Sie nur etwas herausziehen,*
> *wenn Sie zuvor etwas eingebracht haben!*

Entwicklungsaufgaben und -chancen im Praktikum

Von dem, was bislang als Erwartung oder Anspruch beschrieben wurde, geht vielleicht eine ernüchternde Wirkung aus. Wenn Sie allen Aufgaben und Erwartungen gerecht werden wollen, werden Sie sich unweigerlich entmutigen. Ein Praktikum jedoch ist eine positive Zu-Mutung. Ermutigen können Sie sich letztlich nur selbst. Das geht nicht mit flottem „positiv Denken". Ihren grundlegenden Optimismus könnten Sie bekräftigen, dahingehend:

● dass Schwierigkeiten, Probleme und Fragen Herausforderungen sind, denen Sie sich prinzipiell stellen können.

● dass Anforderungen und Aufgaben Ihre Fähigkeiten fördern können und Sie sich dabei profilieren werden.

● dass Sie souverän Hilfen anfordern werden.

● dass es keine pädagogisch perfekten Lösungen für Erziehungsaufgaben gibt.

In diesem Sinne sollten Sie auch für die nachstehenden Gedanken eine sportive Einstellung aufbauen.

Berufsrollenverständnis

Beim Erlernen des Erzieherinnenberufs stehen Sie vor der Aufgabe, sich Ihrer Rolle zu versichern. Sie sind nicht als Elke Kienholz zu lustbetontem Spiel geladen, sondern als Praktikantin E. Kienholz willkommen, die sich üben soll, in einem bestimmten Rahmen die erzieherische Alltagsarbeit mitzutragen. Für die Kolleginnen, für die Eltern, aber auch für die Kinder spielen sie eine bestimmte Rolle, die in verschiedenen Verhaltenserwartungen an Sie ausgedrückt wird. Das ist die eine Seite. Durch ihre Rolle hindurch werden Sie sich aber auch persönlich zu erkennen geben bzw. als Person wahrgenommen werden. Diese Spannung will sowohl für Sie als auch für Ihre Kolleginnen ausbalanciert werden. Dazu eine kleine Selbsterforschung:

- Welche Erwartungen wollen Sie erfüllen und welche nicht?
- Inwieweit sind Sie bereit sich anzupassen, inwieweit grenzen Sie sich ab?
- Wie wollen Sie Ihren Respekt gegenüber den Mitarbeiterinnen zum Ausdruck bringen und von ihnen geachtet werden?

Pädagogische Fremdwahrnehmung

In einem Praktikum kommt es darauf an, dass Sie einen pädagogisch gerechtfertigten Blick für Kinder entwickeln. Sie sollen zeigen, wie Sie dadurch zu sinnvollen erzieherischen Handlungsideen finden. Auch hier steht Ihnen ein Balanceakt bevor. Einerseits ist es wichtig, recht umstandslos im Strom der kindlichen Aktivitäten mitzumachen. Sie müssen dabei sein, Sie sollen sich ins Spiel bringen, dann aber auch wiederum nicht kindlich agieren. Aus der Distanz erwachsener und fachlicher Überlegung heraus sollen Sie nachvollziehen und verstehen, was das Spiel der Kinder, was ihre Bewegungen, was ihre Erzählungen offenbaren. Sie brauchen ein diagnostisches Vermögen, einen detektivischen Spürsinn, um zu erschließen, was Gestaltungsarbeiten von Kindern, was ein Gemütsausdruck über Bedürfnisse und anstehende Entwicklungsaufgaben aussagen können. Im Wechsel zwischen spielerischer Nähe und beobachtender Distanz sollen Sie Antworten finden können, was die Kinder von Ihnen als Erwachsene brauchen. Was können Sie einbringen? Wer sind Sie selbst, dass Kinder sich in der Begegnung mit Ihnen bilden können und dass sie lernen, froh zu leben? Wieder eine kleine Pause zum Nachdenken:

- Was und wie kann ich mich Kindern hilfreich zur Verfügung stellen?
- Was kann ich schon, um spielerisch, empathisch und sympathisch am Leben von Kindern teilzunehmen?
- Wie kann ich die vielfältigen Ausdrucksweisen von Kindern pädagogisch verstehen?

Pädagogisch-praktisches Konzept

Schließlich verlangt Praxis von Ihnen vernünftige pädagogische Handlungsideen *(und meist fordern Sie das auch von sich selbst)*. Im Blick auf bestimmte Zielvorstellungen sollen und wollen Sie Ihr pädagogisch-praktisches Handeln erproben. Auch hier müssen Sie vorsichtig balancieren. Für Ihr Handeln gibt es zwei Ausgangspunkte: Einerseits Ihr Können, Ihre Kenntnisse und Ihre Freude an bestimmten Aufgaben. Andererseits Bedürfnisse, Nöte, Entwicklungsaufgaben sowie die Freude von Kindern.

Pädagogisch denken und handeln bedeutet freilich, vom Kind auszugehen, im Blick auf sein Wohl und seine Bedürfnisse zu handeln. Ihre Chancen dazu sind immer begrenzt durch das, was Sie sind, welche beruflich-fachlichen Fähigkeiten Sie bei sich entwickelt haben und wozu Sie sich motivieren können. Begrenzend und manchmal einschränkend wirken Rahmenbedingungen der Einrichtung, in der Sie sind und arbeiten: personelle und materielle Ausstattung, Ziele, Arbeitsmethoden u.a.m. *(vgl. Gruschka 1985)*.

Sie stehen also vor der Schwierigkeit, wenigstens ansatzweise eine Balance zu finden zwischen Ihren subjektiven pädagogischen Ideen und den vorfindlichen pädagogischen Herausforderungen, den objektiven Gegebenheiten zum Handeln. Nun sind Sie wieder dran:

• Welche Ideen möchte ich mit Kinder erproben, was will ich mit den Kindern unternehmen?
• Worauf wird in dieser Einrichtung besonders Wert gelegt, was ist hier erlaubt und was untersagt?
• Vor welche Herausforderungen stellt mich das Handeln und Verhalten der Kinder?

Wie Sie Ihre Praktikumsstelle finden

Die meisten Ausbildungsstätten weisen Ihren Studierenden nicht einfach eine Praktikumsstelle zu. Sie verlangen vielmehr Eigeninitiative. Das heißt, Sie kümmern sich um eine Praktikumsstelle, Sie vermitteln Ihre Vorstellungen vom Praktikum und vom Praktikumszweck, Sie bewerben sich in Einrichtungen und treffen im Rahmen der Ausbildungsziele eine Wahl. Kurz: Sie organisieren sich selbsttätig, üben Ihre Urteilsfähigkeit und zeigen sich mitverantwortlich für Ihre Ausbildung. Es lohnt sich, klare Gesichtspunkte zu sammeln, mit denen Sie eine Entscheidung für Ihre Praktikumsstelle treffen können. Wenn die Schule Ihnen nicht untersagt, in eine sozialpädagogische Einrichtung zu gehen, in der Sie bereits gearbeitet haben, könnten Sie es sich ganz einfach machen: Sie wählen einen Ihnen bekannten, möglichst nahe liegenden Hort oder Kindergarten als Praktikumsstelle. Bekannt sind Ihnen vielleicht einige Mitarbeiterinnen, Eltern oder deren Kinder, vertraut sind Ihnen die Arbeitsabläufe in der Einrichtung. Noch vielversprechender erscheint wahrscheinlich: Die Erzieherinnen kennen Sie. Was also soll da noch mit dem Praktikum schief gehen? *(→ Dazu mehr unter der Überschrift „Ein trügerisches Kriterium", Seite 23)*

Vorüberlegungen für die Wahl einer Praktikumsstelle

Es ist sinnvoll, im Unterricht Gesichtspunkte zu sammeln, die Ihnen Entscheidungshilfen für die Wahl einer Praktikumsstelle bieten können. Was kann zum Anhaltspunkt dafür werden, dass Erzieherinnen und die Praktikumsanleiterin Ihre Praktikumszeit als Ausbildungszeit wahrnehmen, die sie mitverantworten? Gibt es benennbare Indizien dafür, dass z.B. ein Kindergarten ein produktiver Lernort ist, also nicht vorrangig Trainingscamp für Überlebens- und Durchhaltestrategien angesichts personeller Engpässe?

Ziel einer kritischen Sichtung von Praktikumsstellen ist nicht die vermessene Hoffnung, eine ideale, beispielhafte Einrichtung zu finden. Anregende Ideen für Ihre pädagogische Konzeptentwicklung finden Sie nicht allein in Modellkindergärten. Doch eignet sich nicht jeder erzieherische Tatort als Ausbildungsplatz. Offensichtlich ungeeignet ist eine Einrichtung, wenn Sie eine eingespurte, uninspirierte Routine vorfinden oder an Ihnen zuallererst ein Interesse als Aushilfskraft besteht.

Damit Sie eine möglichst klare Entscheidung treffen können, haben wir für Sie Signora Dotti um Unterstützung gebeten. In ihren berüchtigten Basisvorlesungen nennt Dotti drei Prüfbereiche, denen Praktikantinnen nachhaltig Beachtung schenken sollten:

1. Wie werden Sie als Praktikantin wahrgenommen?
2. Wie werden die Kinder in dieser Einrichtung mit ihren Bedürfnissen und Entwicklungsaufgaben beachtet?

3. Inwieweit können die Mitarbeiterinnen einer Einrichtung ihre pädagogischen Ideen vermitteln?

Mit folgender Prüfliste für Praktikumsstellen können Sie Ihre Urteilsfähigkeit schulen und mit Ihren Mitstudierenden zu einem fachlichen Gespräch finden.

Gesichtspunkte für die Wahl einer Praktikumsstelle

✶ Wie ist die Praktikumseinrichtung für mich zu erreichen *(Zeitaufwand, Kosten)*?

✶ Nimmt die Leiterin bzw. Praktikumsanleiterin sich Zeit, mir ...

... die Grundideen ihrer Pädagogik bzw. das Konzept der Einrichtung zu erläutern

... ihre Vorstellungen von der Rolle einer Praktikantin zu erklären *(Äußert Sie konkrete Verhaltenserwartungen)*?

... die Kolleginnen vorzustellen und die Einrichtung zu zeigen? Erläutert Sie dabei die besonderen Aufgaben bestimmter Mitarbeiterinnen bzw. die Funktion spezieller Räume oder Bereiche im Gebäude?

Wie spricht sie über die Kinder, die Mitarbeiterinnen und die Eltern *(respektvoll, unsicher, stolz, klagend, bitter verächtlich, sachlich)*?

Nennt sie Gründe, warum sie bereit ist, eine Praktikantin zu übernehmen?

✶ Struktur: Hat die Einrichtung schon einmal mit der Schule zusammen gearbeitet oder Praktikantinnen ausgebildet?

✶ Gibt es regelmäßige Teambesprechungen, an denen Sie teilnehmen dürfen?

✶ Zeigen die Räume gestalterische Spuren der Kinder *(stereotype Zeichnungen, Bastelarbeiten oder individuelle Gestaltungen?)* und der Mitarbeiterinnen? *(Bilder, Schmuck, Pflanzen, Rückzugsbereiche, informative Aushänge)*?

Wie wirken die Räumlichkeiten insgesamt *(gepflegt und sauber, penibel und steril, abgenutzt, verwahrlost, unaufgeräumt, freundlich, lieblos, überladen)*?

✻ Will die Praktikantenanleiterin wirklich mit einer Praktikantin zusammen arbeiten? Inwiefern versteht sie ihre Aufgabe als Beitrag zur Erzieherausbildung?

Ist die Praktikantenanleiterin bereit, sich Zeit zu reservieren, um mit Ihnen über Ihre Praktikumseindrücke zu sprechen? *(Wie viel Zeit kann sie Ihnen reservieren?)*

Kennt die Praktikantenanleiterin typische Fragen, Aufgaben oder Probleme von Praktikantinnen?

Welche Aufgaben kann sich die Praktikumsanleiterin für Sie vorstellen?

Ein trügerisches Kriterium: Ich kenne mich schon bei euch aus!

In diesem Abschnitt geht es um ein wiederkehrendes Motiv in den Vorstellungen und Fantasien von Praktikantinnen: Wo man mich kennt und wo ich mich schon auskenne, da bin ich gut aufgehoben! Diese Leitidee verbindet sich oft mit der Hoffnung: Hier kann ich weniger falsch machen, werde daher wenig Kritik einheimsen und kaum zurecht gewiesen werden. Damit setze ich mich nicht erniedrigenden, beschämenden oder peinlichen Gefühlen aus. Also, warum in die Ferne schweifen, wenn das Gute liegt so nah? Ein Praktikum scheint einfacher, wenn Sie Räumlichkeiten, Ausstattung, Regeln und Abläufe bereits kennen. Es ist auch nichts dagegen einzuwenden, wenn Sie Personen suchen, von denen Sie prinzipiell wertgeschätzt und akzeptiert werden. Dieses Bedürfnis kann jedoch zu einer Falle werden.

Falle 1: Wunsch und Wirklichkeit

Bekannte, nahe stehende Personen können Objekte unrealistischer Wunschvorstellungen werden. Unter der Voraussetzung konkreter Arbeitsanforderungen zerbrechen allzu leicht die Sicherheiten eines vorgeblich vertrauten Arbeitsplatzes. Eine auf Enttäuschung programmierte Falle wird dann gebaut, wenn Sie als Praktikantin Wunsch mit Wirklichkeit verwechseln, wenn Sie es unterschätzen, dass eine Ihnen bekannte Erzieherin aus ihrer Berufsrolle heraus anders handelt, als Sie es gewohnt sind und es erwarten.

 Niemand wird Sie überzeugen, dass eine Praktikumsein-
richtung oder eine Praktikumsanleiterin, die Sie gut ken-
nen nicht schon das Beste für Ihre beruflich-fachliche Entwicklung ist. Allein Sie selbst können untersuchen,
inwieweit Ihre Vorstellungen realitätsgerecht entwickelt
sind. Sie entscheiden durch ihre subjektiven, hintergründigen Zielvorstellungen, wie klar berufsorientiert und begeistert oder wie
schwärmerisch illusionär Sie sich während eines Praktikums verhalten werden.

Jeder Mensch entwirft für neue Situationen Fantasien und Vorstellungen, die Wünsche, Befürchtungen oder Hoffnungen bündeln und
eine erste Sicherheit herstellen. Nur wenige Menschen jedoch üben
sich bei einem zweiten vorbereitenden Schritt in unbekannte Situationen hinein, zu unterscheiden, was real ist und was Gedanke über
Realität.

Überlegen Sie, inwieweit Sie es sich angewöhnt haben, Fantasien
und Gedanken zu trennen von Tatsachen bzw. dem, was Ihnen Tatsachen bedeuten.

Falle 2: Ignoranz der Berufsrolle

Auch unter einer zweiten Voraussetzung kann man sich eine Falle
bauen. Eine Praktikumsanleiterin, die man kennt, mit der man vielleicht sogar etwas befreundet ist, scheint eine unkompliziertere
Beziehung zu versprechen. Von ihr kann man hoffen, dass sie weniger Konflikte aufbaut, ja eher doch parteilich ist für die eigenen
Interessen. Mit einer Freundin kann man eben durch Dick und Dünn
gehen, als Praktikantin steht man dann nie allein.

Eine bekannte Einrichtung scheint einen der Mühe zu entheben, sich
einarbeiten zu müssen. Man braucht sich nicht mehr kundig zu
machen, zu erforschen, wie erzieherisch gearbeitet wird und wie
eine sozialpädagogische Einrichtung funktioniert.

Oder: Eine vertraute Praktikumsanleiterin scheint weniger bezie-
hungsaufwendig. Da braucht man keinen neuen Kontakt zu knüpfen,
muss nicht besonders aus sich heraus gehen, unbekannte Seiten
einer Person einschätzen, kennen lernen, aushalten, kurz: die Beziehung besteht schon und braucht nicht aufwändig entwickelt werden.

Wie aber funktionieren nun die angekündigten Fallen? Zwei Verhaltensweisen von Praktikumsanleiterinnen lassen sich beobachten:

1. Nimmt die Praktikumsanleiterin ihre Rolle und Ausbildungsaufgabe ernst, wird sie eine für die Praktikantin ungewohnte Distanz einnehmen. Nur mit Abstand, so ihre Überlegung, kann sie die Praktikantin bei der Arbeit und im Zusammensein mit Kindern beobachten. Nur aus einer neu zu bestimmenden Distanz wird sie es wagen, das Engagement ihrer Bekannten einzuschätzen, zu kritisieren und zu beurteilen. Und die Praktikantin wird merken, meine Freundin spricht anders mit mir. Sie unterhält sich nicht nur einfach, sondern stellt mir Aufgaben, gibt mir Aufträge, belehrt mich, erwartet ein bestimmtes Verhalten.

Eine von der Anleitungsfunktion abgeleitete Distanz verändert oft ein vertraut freundschaftliches Verhältnis zu einer Arbeitsbeziehung. Entsteht mehr nüchterne Sachlichkeit, beobachtender Abstand und wird dies als enttäuschend, als befremdlich oder gar verletzend erlebt, ist das meist Folge einer unreflektierten Übertragung privater Erfahrungen auf eine öffentlich und überlegt zu gestaltende Beziehung.

Aus dem Schatzkästlein Alexa Goldbachs
Erfahren werden Sie nur, wenn Sie fahren,
und nicht gerade mal nur um die Ecke gehen!

2. Nimmt eine Praktikumsanleiterin ihre Aufgabe zur Anleitung der Praktikantin weniger ernst und pflegt sie in ähnlicher Weise wie diese einen Beziehungswunsch nach nettem Beisammensein, schnappt eine Falle mit anderen Folgen zu. Vielleicht wird die gute Bekannte ihre Praktikantin vordergründig in dem bestätigen, was sie schon kann. Sie wird sich durch freundschaftliche Nähe zu ihrer Praktikantin erwärmen. Die Praktikantin wird zur Vertrauten, der man mehr private Erlebnisse mitteilt.

In den Hintergrund gerät, dass die Praktikantin lernende Partnerin sein kann, mit der man sich beruflich und fachlich auseinandersetzt. Die Anleiterfreundin wird wahrscheinlich darauf verzichten, ihrer Praktikantin entwicklungsfördernde Herausforderungen zu stellen. In der Folge wird diese ihren Kenntnisstand um erzieherische Arbeitsweisen kaum überschreiten. Die Praktikantin wird selten lernen, die besseren Möglichkeiten ihres eigenen Handelns zu finden. Vielleicht hatte man während des Praktikums eine nette Zeit, mehr aber auch nicht.

Aus Annes pädagogischem Tagebuch

Donnerstag, 25. Mai
In zwei nahe gelegenen Einrichtungen bin ich gestern Nachmittag gewesen. In einer traf ich die Leiterin nicht mehr an *(St. Edelgard)*. In der zweiten Kindertagesstätte werden sie im Team überlegen, ob sie eine Praktikantin nehmen wollen. Prinzipiell ist die Leiterin positiv eingestellt *(Kita Erlengrund)*. Drei weitere Einrichtungen habe ich kurz nach 12.00 Uhr telefonisch erreicht. Bei einer wollte sich die stellvertretende Leiterin nicht endgültig festlegen *(St. Josef)*. Ich soll vorbei kommen, mir die Einrichtung ansehen und ihnen erklären, was ich im Praktikum tun will. In der zweiten Kita hatte die Leiterin keine Zeit, da sie noch etwas mit einer Mutter zu besprechen hatte. Ich soll mich aber nochmal melden *(Tabaluga-Burg)*. Der dritte Anruf war wieder erfolgreich *(Montessori-Haus)*: Ich könnte dort mein Praktikum absolvieren. Sie hätten schon jemand aus der Schule gehabt und würden wieder gerne jemand nehmen. Vorstellen kann ich mich montags, 17.00 Uhr, am Ende ihrer Teamsitzung.

Freitag 26. Mai
Was will ich im Vorstellungsgespräch. Na klar, die anderen überzeugen, dass ich die richtige Frau für ihre Einrichtung bin! Also genauer auflisten, wie ich vorgehen kann:
1. Vermitteln, dass ich konkrete Vorstellungen von meinem Praktikum habe *(nur nicht den Eindruck von „Ich weiß noch nicht genau" machen)*.
2. Etwas über deren Erwartungen an eine Praktikantin erfahren.
3. Klarheit und Einverständnis über die von der Schule gestellten Bedingungen für ein Praktikum herstellen.
4. Informationen über die Einrichtung und die Arbeit mit Kindern erfragen.
5. Einen ersten Eindruck von den Räumlichkeiten bekommen.

Reicht wohl als Programm; ich will ja auch nicht zu dick auftragen. Was muss ich mir für das Gespräch klar machen?

Das Praktikum vorbereiten

26

- Was soll ich im Praktikum? = Was will die Schule von mir?
  d.h. Montag die Praktikumspapiere im Sekretariat abholen, Zielsetzungen und die Beschreibung der Aufgabe für uns genau lesen.
- Was will ich im Praktikum? = meine Wünsche, Absichten und Ideen, d.h. Einfälle sammeln, worauf es mir ankommt; Erfahrungen sammeln, wie ich mich bei Kindern durchsetzen kann, wie ich Kinder besser einschätzen lerne, wie ich mich bei Konflikten von Kindern verhalten soll.
- Was erwartet die Leiterin, die Praxisanleiterin von mir? Am besten frage ich, warum sie eine Praktikantin nehmen wollen, da die Anleitung doch auch Zeit und Arbeit kostet. Sonst wird es wohl um Zuverlässigkeit, Aufmerksamkeit für die Kinder und was so täglich anfällt gehen
- Wie kann ich praktisch loslegen? Das heißt, wann soll ich in der Einrichtung sein? Wo treffe ich meine PA, wo die anderen Mitarbeiter? Gibt es in der ersten Woche besondere Aktionen oder zusätzliche Termine? *(Falls die PA nicht beim Vorstellungsgespräch dabei ist; wann kann ich sie kennen lernen?)*
- Gibt es einen bestimmten Tagesablauf? Gibt es Gelegenheit zum Mittagessen?
- Hat die Einrichtung ein schriftliche Selbstdarstellung, ein Konzept?
- Muss wegen meines Praktikums etwas mit dem Träger geregelt werden? *(An wen muss ich in der Gemeinde schreiben, Wer ist Ansprechpartner in der Kirchengemeinde: Verwaltungsratsvorsitzende, Kirchenvorstand, Pastorin, Geschäftsführer?)*

Donnerstag, 1. Juni
Ich muss mich jetzt für eine der drei Einrichtungen entscheiden. Alle drei erfüllen die Bedingungen der Schule. Alle drei begrüßen die „anregende Mitarbeit" einer Praktikantin, also mich. Wo ist für mich der beste Spielraum und die interessanteste Herausforderung? Man müsste mit unserer Didaktik-Frau über Kriterien für die Wahl einer Praktikumsstelle sprechen. Ich probiere 'mal eigene Gesichtspunkte."

Die Ausbildungssituation wie auch die besondere Rolle als Praktikantin und als Praktikumsanleiterin verändern bekannte Beziehungen und vertraute Kommunikation. Nehmen beide Partner ihre Aufgaben an, müssen Bekannte anders miteinander reden und handeln, als sie es bislang gewohnt waren. Eine Fortsetzung von Ausbildung am „Lernort Praxis" verlangt eine taktvolle Zurücknahme subjektiver Wünsche. Eine Praktikantin hat beispielsweise zu lernen, wie aus subjektiven Motiven und Vorstellungen über Ihre Tätigkeit mit Kindern, objektiv tragfähige und hilfreiche Beziehungen mit Kindern gestaltet werden können.

Kriterien für die Wahl einer Praktikumsstelle

	Erlengrund	St. Josef	Montessori-Haus
absehbare alltägliche Aufgaben und Handlungsmöglichkeiten.			
klare Zuordnung der PA; geregelte Reflexions- und Vorbereitungszeiten			
Aufnahme im Team; Aufmerksamkeit und Freundlichkeit			
Personalsituation in meiner Gruppe / in der Einrichtung insgesamt			
Gesamteindruck der Einrichtung			
besondere Aufgaben und Erfahrungsmöglichkeiten: (Integrationsarbeit, Teilnahme an Elterngesprächen, Beobachtung von Therapie, Konzeptionsentwicklung, besonderes Fest			

In einigen Regionen Deutschlands ist es üblich oder auch notwenig, sich schriftlich um eine Praktikumsstelle zu bewerben. Anne hat dazu für eine Freundin folgende Idee:

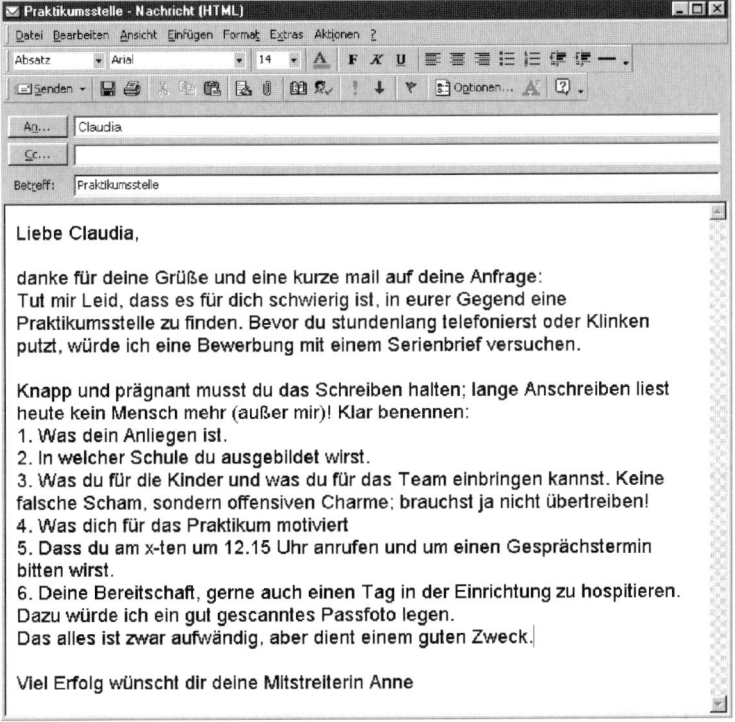

Kapitel 2

Theorie und Praxis: zwei, die nicht immer ein gutes Verhältnis haben

Warum Praxis Theorie und Theorie Praxis braucht

Ein Praktikum ist ein zeitlich begrenzter Raum praktischer Bewährung. Sie sollen zeigen, wie handlungsfähig Sie sind, was Sie mit Kindern pädagogisch-praktisch tun können. Ein Praktikum erlaubt probeweises Handeln in Ernstsituationen.

Pädagogisches Handeln ergibt sich jedoch nicht einfach aus sich selbst, sondern wird angeregt durch Intuition, von einer Idee, von Grundsätzen und Prinzipien, letztlich von Ihrem mehr oder minder durchdachten Konzept. Somit kommen Sie zur Theorie – nicht zu verstehen als eine Vorgabe, die praktisch umzusetzen ist. Ihre Gedanken, Ihre Theorie lässt Sie vielmehr auch begreifen, was Sie praktisch tun. Theorie hilft Ihnen, Lebenssituationen von Kindern in ihrer pädagogischen Bedeutung zu verstehen.

Klären wir darum, wie Praxis und Theorie erfolgversprechend in eine tragfähige Beziehung kommen können. Sie finden in diesem Kapitel ...

... Argumente für eine wertschätzende Haltung gegenüber Theorie, da Sie Praxis ohnehin schon gut leiden können.

... praktische Übungen zum Vor- und Nachdenken.

... Versuche von Praktikantinnen, ein nützliches Theorie-Praxis-Verhältnis zu begründen.

Während eines Praktikums wurde eine merkwürdige Begegnung aufgezeichnet:

Theorie trifft Praxis. Beide registrieren sich verblüfft und beäugen sich distanziert. Praxis runzelt zornig die Stirnhaut: „Du hast mich einfach im Stich gelassen. Dein hochtrabendes Gerede ist mir zuwider. Alle deine kühnen und vielversprechenden Gedanken haben sich in Luft aufgelöst. Für keine konkrete Situation konntest Du mir zeigen, was ich tun soll!"

Darauf Theorie leise, aber mit zunehmend festerer Stimme: „Auch ich bin von dir enttäuscht. Wenn du Kinder siehst, vergisst du dich und unseren so hoffnungsvoll begonnenen Austausch. Völlig gedankenlos wurschtelst du drauf los. Hauptsache es passiert was, du und die Kinder haben Spaß. Du zeigst keinen Funken Verstand!"

Praxis: „Du bist ungerecht. Viele deiner Gedanken sind doch luftige Konstruktionen. Mit deinen abstrakten Überlegungen kannst du mir nicht helfen. Ich weiß von dir nicht, was Kinder wirklich brauchen. Aber ich muss schließlich handeln können. Jetzt verlasse ich mich eben auf mein Gefühl!"

Theorie: „Das ist es ja, was mich einerseits wundert, andererseits ärgert. Du willst in jeder Situation sofort und richtig handeln können. Dabei verstrickst du dich schnell in der Anspruchshaltung von Kindern. Du bist blind für ihre wahren Bedürfnisse."

Praxis: „Ach, warum bist du so schrecklich belehrend?"

Theorie: „Entschuldigung. Das klingt im Streit so von oben herab. Ich weiß doch gar nicht besser Bescheid als du. Ich kann mit meinen Ideen lediglich deuten, was du erlebst und spürst. Aber auch du kannst dich hochmütig aufspielen. Unter deinen Kolleginnen tust du so, als könntest du gut und gerne auf mich verzichten. Ach, als käme es bei der alltäglichen Arbeit nur darauf an zuzupacken."

Praxis: „Mhm, irgendwie brauchen wir uns. Wir müssten einen Weg finden, uns wirklich zu schätzen."

Theorie: „Ein großartiger Gedanke."

Praxis: „Na, musst du wieder das letzte Wort haben?"

Wie können Theorie und Praxis zu einer tragfähigen Beziehung finden?

Betrachten wir dazu zwei verschiedene Sichtweisen. Es gibt Studierende, die sich mit folgendem Grundsatz auf ein Praktikum einstellen: *Die in der Schule gelehrte und gelernte Theorie soll sich in der Praxis bewähren!* Das könnte heißen: Prinzipiell soll das praktische Handeln den idealtypischen Ideen, Modellen und Regeln folgen, die man gelesen, diskutiert oder formuliert hat. Theoretische Sätze sagen mir, was ich tun soll, was ich tun kann, wie ich angemessen und richtig handele. Tun sie das nicht, erweist sich Theorie als untauglich. Dann ist Theorie abgehoben von Praxis, ein überflüssiges Gerede.

Andere Studierende orientieren sich nach dem Grundsatz: *Die vorfindliche und eigene Praxis soll sich vor der Theorie bewähren!* Das könnte heißen: Prinzipiell muss sich das Handeln der Praktiker als theoretisch stimmig und schlüssig erweisen. Es muss einen sinnvollen Zusammenhang zwischen Motiven, Absichten, Zielen, Mitteln und Methoden in der Erziehung geben. Andernfalls haben wir es bestenfalls mit liebevollem Gewurschtel zu tun, im schlimmsten Fall mit waghalsigen Irrtümern und Versehen.

Treiben wir hier aber nicht schon zu viel Theorie, wo es doch während eines Praktikums in erster Linie um die Bewältigung praktischer Herausforderungen geht?

- Da will Peter seinen verklemmten Reißverschluss gelöst haben.
- Katja ist von Sven getreten worden, weint, braucht Aufmerksamkeit und Trost.
- Kerstin und Maja wollen mit Wasserfarben malen; da muss man darauf achten, dass sie ihren Arbeitsplatz mit Zeitungen einrichten.
- Frau Schneider will wissen, wann und wo sie mit einer Gruppe ein szenisches Spiel zu Erntedank proben kann;
- Michael muss man untersagen, Gerda das Frühstück weg zu essen ...

Viele derartiger Aufgaben haben Sie als Praktikantin zu bewältigen. Praktika bringen die Nöte, Wünsche, Bedürfnisse und Ansprüche von Kindern einerseits und Ihre Fähigkeiten und Handlungsmöglichkeiten andererseits zusammen. Sie sollen zeigen, dass und wie Sie in der Lage sind, auf vorfindliche Handlungsaufforderungen praktisch zu reagieren. Das heisst einmal: Sie müssen lernen, Handlungsaufforderungen zu erkennen. Und zum anderen müssen Sie lernen, sich angemessen zu verhalten um entsprechend handeln zu können. Hoppla, hier haben wir die beiden Streithähne von oben angetroffen. Handlungsaufforderungen bzw. Aufgaben zu erkennen ist eine theoretische Leistung. Sich verhalten und handeln ist ein praktisches Vermögen. Und für Ihr Handeln und Verhalten brauchen Sie eine Vorstellung davon, wie etwas am besten geht. Sie brauchen also Theorie. Umgekehrt ist das Vermögen, pädagogische Aufgaben zu erkennen eine durchaus praktische Beschäftigung.

Wie Ihr Dasein, Ihr Verhalten und Ihr Handeln während eines Praktikums den Kindern zugute kommen kann, ist Folge Ihrer Vermittlungsfähigkeit zwischen Theorie und Praxis. Jede Praktikantin muss den Kreis ihres theoretischen Vermögens und ihres praktischen Könnens schließen lernen.

Theorie und Praxis helfen sich gegenseitig

Jedes Können, praktisches Talent, wie theoretisches Vermögen sind in der Lage dem anderen nützliche Aufgaben zu stellen und Hilfen zu bieten.

Aufgaben, die Theorie der Praxis stellen kann

- Prüfe deine Absichten und Ziele! Worauf kommt es dir mit deinem Handeln an?
- Erkläre dir, deinen Kolleginnen und Eltern, was dir zunächst selbstverständlich oder intuitiv richtig und wichtig erscheint! Warum handelst du so und nicht anders?
- Kläre und erkläre das Handeln und Verhalten von Kindern! Kannst du nun genauer verstehen, welche Art von Unterstützung, welchen Schutz, welchen Einfluss du auf Kinder ausüben willst?
- Erweitere deine Handlungsmöglichkeiten! Welche alternativen Vorgehensweisen und Methoden gibt es neben dem, was du bereits sicher kannst?
- Trainiere deine Urteilskraft! Wie ist der Entwicklungsstand, wie das soziale Können und wie ist das Wissen der Kinder zu beurteilen?

Hilfen der Theorie für die Praxis

- Du kannst lernen, Zusammenhänge zu erkennen und dadurch einen sinnvollen Handlungszusammenhang zu konstruieren.
- Du kannst lernen, selbstkritisch zu prüfen, inwieweit du dich am Wohl bzw. Glück von Kindern bzw. an deren Entwicklungsmöglichkeiten orientierst.
- Du kannst lernen, zielgerichtet zu handeln, um nicht irgendwie im Strom der alltäglichen Arbeitsimpulse mit zu schwimmen.
- Du kannst lernen, anderen Menschen klar zu vermitteln, was du willst und was du tust.

Aufgaben, die Praxis der Theorie stellen kann

- Sich erfahren machen! Welche Eindrücke und Erlebnisse scheinen dir merkwürdig, fragwürdig oder unklar?
- Wirkungszusammenhänge erschließen! Welche Ziele, welche Wirkungen erreichst du mit deinen alltäglichen Handlungsweisen?
- Gewinne Handlungsfähigkeit! In welchen Situationen warst du verunsichert, dass du nicht mehr wusstest, was zu tun ist?

Hilfen der Praxis für die Theorie

- Du kannst lernen, Erlebnisse und Eindrücke zu sammeln und zu erschließen, um zu verstehen und zu begreifen, wie du dich pädagogisch vernünftig orientierst.
- Du kannst lernen, aus konkreten Vorfällen verallgemeinerbare Erklärungen zu erschließen, Schlussfolgerungen und Klugheitsregeln zu formulieren für typische, wiederkehrende Praxissituationen.
- Du kannst lernen, durch anschauliche und genaue Schilderungen von Ereignissen erzieherisches Schwadronieren und Räsonieren zu verhindern.

Aus dem Schatzkästlein der Philanthropin Alexa Goldbach:
Um praktisch erfolgreich zu sein, brauchen Sie
nicht allein wirkungsvolle Methoden.
Praxis ohne kritischen Verstand, kann nicht klären,
was ein Kind wirklich braucht!

Klug handelt, wer vor- und nachdenkt

Indem Studierende belehrende Formen in der Ausbildung ablehnen, weisen sie indirekt und zurecht auf den Vorrang der Praxis. Praxis hat ihre eigene Würde *(Dignität)*, wie es einmal von geisteswissenschaftlichen Pädagogen formuliert wurde. Die Ausbildung zielt ja darauf ab, Ihnen Wege zu öffnen, dass Sie praktisch erfahren werden.

Wenn wir hier die Herausforderungen, Fragen, Aufgaben und Probleme von Praktika durchwandern, werden wir uns immer wieder im Kreis von Theorie und Praxis bewegen. Freilich setzt ein Buch den Schwerpunkt auf das Denken, also auf den theoretischen Teil der Gesamtbewegung. Wenn Sie lesen, denken Sie nach, um das Gelesene zu verstehen und Ihrem Erfahrungswissen zuzuordnen. Sie beginnen dabei Ihre Theorie über praktisches Handeln und über Praktika zu prüfen. Sie reflektieren.

Dann wieder fallen Ihnen zu dem Gelesenen neue Gedanken ein. Sie denken voraus, nehmen theoretisch neue Verhaltensmöglichkeiten für ein anstehendes Praktikum vorweg. Beide Denkbewegungen, die reflektierende wie die vorwegnehmende, können eine Wirkung auf Ihr tatsächliches Handeln und Verhalten bekommen. Sie werden manchmal hinter Ihrem Denken, hinter Ihrer Theorie zurückbleiben. Manchmal werden Sie sich komplexer und differenzierter verhalten, als es Ihnen schon bewusst ist. Theorie und Praxis stehen sich selten gleichgewichtig gegenüber. Theorie und Praxis regen Sie mit unterschiedlicher Stärke wechselseitig an.

Beispiel 1

Die Praktikantin Vera steht vor dem Gruppenraum. Sie schaut Kindern zu, die sich umziehen, weil sie mit ihren Erzieherinnen zum Wochenmarkt gehen wollen. Sven sitzt auf einem Bänkchen. Er hat seinen Anorak angezogen und ist auch schon in seine Schuhe geschlüpft. Da streckt er beide Beine lang aus, hebt sie an und ruft strahlend: „Vera, mach mir die Schuhe zu!"

Was wird Vera nun machen? Wird sie vielleicht gar nichts tun? Auch wenn sie Svens Aufforderung überhört, irgendwie wird sie dennoch reagieren müssen. Wenn sie sich entscheidet, ihm nicht die

Schuhe zuzubinden, verhält sie sich doch gegenüber Svens Impuls. Auf welche Weise Vera also praktisch wird, hängt von ihrer situativ konstruierten Theorie ab. Sie kann verschieden denken und unterschiedlich handeln.

Erste theoretische Annahme:
* Sven ist mit seinen vier Jahren alt genug, sich eine Schleife zu binden. Sonst macht er das auch.
Vera: *„Sven, das kannst du schon selber; also hopp, fang an!"*

Zweite theoretische Annahme:
* Was ist mit Sven heute los? Will er von mir etwa bemuttert werden oder vor den anderen zeigen, dass er auf mich einen besonderen Einfluss hat?
Vera: *„Komm Sven, du schaffst das! Wenn du fertig bist, kommst du zu mir; wir nehmen dann die Tasche mit den Zeichenblöcken und Stiften!"*

Dritte theoretische Annahme:
* O Gott, jetzt macht Sven noch seine Faxen. Komisch, immer wenn es losgehen soll, fällt dem noch etwas ein, was Zeit kostet. Damit es jetzt rasch geht und wir fort kommen ...
Vera: *„Aber flott jetzt! Ich mach dir eine Schleife. Die andere bindest du dir selber zu!"*

Selbstverständlich gibt es noch etliche andere Möglichkeiten, wie Svens Appell gehört, gedanklich geordnet, mit anderen Eindrücken, der aktuellen Situation und Veras eigener Rolle zusammengestellt werden kann.

Prüfen Sie einmal für sich, wie Sie selbst auf seine Aufforderung reagieren würden: Was würden Sie tun? Was würden Sie Sven sagen? Dann überlegen Sie einmal, warum Sie so reagieren würden, wie Sie es sich denken? Auf Grund welcher Einschätzung oder Erfahrung werden Sie in Ihrer spezifischen Weise praktisch?
Wenn Sie begründen können, warum Sie in einer bestimmten Weise handeln, offenbaren Sie Ihre situative Alltagstheorie. Verdeutlichen Sie bei Ihrer Begründung, dass Ihr Verhalten einem Bedürfnis *(nicht dem geäußerten Wunsch)* Svens entgegen kommt *(z.B. untergründi-*

ges Streben nach Anerkennung, Selbstbewusstsein und Selbsttätig-keit), haben Sie eine pädagogisch gerechtfertigte Minitheorie entwickelt.

In diesem Sinne handelt wohl kein Mensch theorielos. Sie können eben auch nur dann praktisch werden, wenn Sie den kleinen Vorfall zumindest ansatzweise bekannten Vorkommnissen zuordnen, ihn erklären und entsprechend Ihren pädagogischen Zielen beurteilen können. Können Sie das nicht denken, wirkt eine Situation auf Sie verwirrend oder desorientierend. Sie selbst fühlen sich unsicher, überfordert und gelähmt.

Erproben Sie Ihre pädagogische Orientierung im Blick auf einen Theorie-Praxis-Zusammmenhang an zwei weiteren Beispielen.

Beispiel 2

Sie arbeiten als Praktikantin seit drei Tagen in einem Kinderhort, der ein schönes Außengelände mit Wiese, einigen Bäumen und Buschbestand hat. Aktuell sind Sie alleine im Außengelände. Zehn Meter von Ihnen entfernt beobachten Sie, wie Karsten (12) und Mahmud (11) Zigaretten rauchen.

- Was würden Sie tun?
- Was würden Sie zu Karsten und Mahmud sagen?
- Warum würden Sie so handeln?

Beispiel 3

Während Ihres Praktikums in einer Kindertagesstätte geschieht Folgendes: Sie kommen in den Gruppenraum und sehen, dass Klara und Ellen ihre Malutensilien auf einem Tisch zurück gelassen haben. Ihre Hemdkittel hängen über den Stuhllehnen. Ein tropfnasser Pinsel und Zeitungspapier liegt auf dem Boden. Jetzt fällt es Ihnen ein: Gerade wurden beide Kinder von ihren Müttern abgeholt.

- Was würden Sie tun?
- Was würden Sie zu wem sagen?
- Warum würden Sie so handeln?

Nachdenkend reflektieren Sie, was Sie als Praktikantin erlebt haben. Auf diese Weise entwickeln Sie Theorie, dutzende Alltagstheorien. Sie plaudern nicht nur irgendwie über Eindrücke und Erleb-

nisse. Sie reflektieren wirklich, indem Sie nämlich Ihre Wahrnehmungen ordnen, sie bewerten, Zusammenhänge klären und erklären, sinnvolle Strukturen der vorgefundenen Praxis erschließen oder die vorgefundene Praxis auf bessere Handlungsmöglichkeiten hin kritisieren.

Vordenkend entwerfen Sie z.B. Handlungsalternativen, die sich Ihnen als Praktikantin öffnen. Mit vorwegnehmendem *(antizipierendem)* Denken überschreiten Sie Ihre bisherigen Erfahrungsgrenzen. Voraus denkend finden Sie zu Versuchen und Experimenten jenseits Ihres vertrauten und sicheren Handlungsrahmens.

> Aus dem Schatzkästlein der Philanthropin Alexa Goldbach:
> *Um erfahren zu werden, müssen Sie Wege erproben,*
> *die Ihnen noch nicht bekannt, geschweige denn vertraut sind!*

Wie eine Beziehung zwischen Theorie und Praxis gelingen kann

Katharina beginnt ihr Praktikum

Katharina: *Als ich hier in der Kindertagesstätte war, wusste ich überhaupt nichts mit dem anzufangen, was wir in der Schule theoretisch gemacht hatten.*

Mentor: *Was haben Sie denn hier zuerst gemacht?*

Katharina: *Na, ich musste zunächst einmal die Kinder näher kennen lernen.*

Mentor: *Gut, und worauf haben Sie dann geachtet?*

Katharina: *Nun, ich habe geguckt, was bewegt die Kinder eigentlich. Ich dachte, daraus kann man passende Angebote für Kinder entwickeln.*

Mentor: *Das sind zwei wichtige Voraussetzungen für Ihr Handeln, die Sie geprüft haben. Zunächst brauchen Sie eine Vertrauensbasis mit den Kindern. Dann versuchen Sie herauszubekommen: Was brauchen die Kinder, welche Bedürfnisse haben sie?*
Wie ging es dann weiter. Worauf haben Sie noch geachtet?

Katharina: *Ich habe beobachtet, was Thema ist in der Gruppe.*

Mentor:	*Mhm, und dann, was war dann noch für Sie wichtig?*
Katharina:	*Also ich wollte wissen, wie die Alltagsarbeit dieses Kindergartens aussieht!*

Katharinas erste Schritte im Praktikum

Zunächst behauptete Katharina, mit theoretischen Kenntnissen aus dem Unterricht nichts anfangen zu können. Mit wenigen Bemerkungen jedoch verdeutlicht sie ihre Vorgehensweise in der Praktikumsstelle. Benennen Sie vier Schritte, die Katharina am Anfang ihres Praktikums gemacht hat:

1. _____

2. _____

3. _____

4. _____

Obwohl Katharina behauptet, sie wisse mit dem, was sie in der Schule theoretisch gemacht hat, nichts anzufangen, ist sie bezüglich der Frage nach einem nützlichen Zusammenhang von Theorie und Praxis nicht desorientiert. Sie hat eine eigene Theorie darüber, wie sie praktisch werden kann. Mit ihrer ersten Bemerkung zeigt sie sich darüber enttäuscht, dass thematische Überlegungen im Unterricht ihr nicht verdeutlichten, was sie im Praktikum machen sollte. Katharina konstruierte jedoch einen Theorie-Praxis-Zusammenhang, der ihrem Handeln eine pädagogisch sinnvolle Richtung und Sicherheit vermittelte. Ihr Nachdenken, wie sie von *(schulischer)* Theorie zum praktischen Handeln finden kann, zeigt sich vordergründig ernüchtert, hintergründig jedoch fruchtbar. Katharina sieht es als notwendig an, die vorfindlichen Rahmenbedingungen sozialpädagogischen Handelns zu recherchieren:

- Was bewegt die Kinder? Das heißt, vor welchen Entwicklungsaufgaben, Herausforderungen, Fragen und Problemen stehen Kinder?
- Was ist Thema der Gruppe? Im Idealfall als Reflex auf die erkannten Bedürfnisse von Kindern durch die Erzieherinnen ausdrücklich thematisiert.
- Wie sieht die Alltagsarbeit aus, z.B. Zeitrhythmen, typische Handlungsweisen, Rituale, Regelungen usf.?

Katharina weiß, für eine erkenntnisreiche Beobachtung ist es zuallererst wichtig „Kinder näher kennen zu lernen". Für sie hieß das, Kontakte knüpfen und stabilisieren; durch Verlässlichkeit, freundliche Zuwendung und Sympathie Vertrauen gewinnen.

Katharina entwirft mit wenigen Sätzen eine erste Situationsanalyse und sie prüft deren zentralen Bedingungen. Wenn sie methodisch der von ihr konstruierten Theorie-Praxis-Richtung folgt, erfüllt sie eine wichtige pädagogische Aufgabe. Sie nimmt eine Situationsanalyse unter pädagogischer Rücksicht *(„was die Kinder bewegt")* vor. Erfolgreich handeln wird sie, wenn sie Beobachtungsbereiche festlegt, Beobachtungstechniken einsetzt, psychologische Erklärungen findet und pädagogische Bewertungen vornimmt. Das aber sind Themen schulischer Ausbildung, die bei ihr praktisch wirksam werden können.

Katharina bricht nicht einfach mit ihren Spiel- und Projektideen in die Kindergartenwelt ein. Sie hat einen erkennbaren Plan, wie sie kundig werden kann und sie kennt Methoden, wie sie sich kundig machen kann.

Elke beginnt ihr Praktikum

Ein anderes Beispiel, wie die Theorie-Praxis-Spannung gelöst werden kann, ist einem beiläufig belauschten Gespräch zwischen zwei Freundinnen zu entnehmen:

Claudia: *Wie ist es denn bei Dir? Du bist doch in Heimbach?*

Elke: *Ja. Mensch, das ist spitze im Kindergarten. Die Kinder sind furchtbar nett. Am Anfang war ich noch ein bisschen zurückhaltend. Aber dann habe ich einfach mit den Jungens mitgespielt. Die fanden es lustig, wenn wir beim Bauen um die Klötzchen gestritten haben. Und mit den Mädchen kannst du dich prima verkleiden. Da haben wir „Große Dame" gespielt. Wir sind mit Stöckelschuhen durch die ganze Einrichtung. Zum Schreien war das.*
Bei dem Wetter waren wir aber viel draußen. Mensch, die anderen Erzieherinnen trauen sich gar nicht mehr in den Sandkasten. Aber ich fand das prima. Die haben da 'ne Wasserpumpe am Sand und mir machte es unheimlich Laune, mit zu mantschen. Ich hatte das schon lange nicht

mehr gemacht. Auch Seilchenspringen. Ich sag dir, wenn
das so weiter geht, werde ich noch richtig fit!

Claudia: *Na, da hast du ja einen guten Einstieg gehabt!*

Denkt Elke zu wenig nach und theoretisiert Katharina zu viel?
Katharinas Vorgehensweise begründet eine erkennbare Distanz zu
Kindern. Nachdenken über das eigene Tun, distanziert vom eigenen
Tun. Um zu lernen und erfahren zu werden, ist das eine notwendige
Voraussetzung. Im extremen Fall führt Katharinas Einstellung sie in
eine zu große Distanz zu Kindern. Das ist aus dem Gesprächsproto-
koll nicht zu erkennen. Wenn dem aber so wäre, könnte sie etwas
von der Strategie des umstandslosen Mitmachens lernen, die Elke
einschlägt.

Auch hinter Elkes Verhalten stecken theoretische Vorentscheidungen, auch wenn sie ihr nicht bewusst sein mögen. Elkes Theorie wäre
zu erkennen, wenn ihre Freundin Claudia sie fragen würde, warum sie
in der geschilderten Weise mit den Kindern gespielt habe. Vielleicht
würde Elke Sätze wie diese formulieren:

- Die Kinder sehen, dass ich auf ihrer Seite bin!
- Auf diese Weise kann ich die Kinder am besten kennen lernen und
  sie mich!
- Mit distanziertem Herauskehren des Erwachsenseins gewinnst du
  bei Kindern doch kein Vertrauen!
- Was mir Spaß macht, kommt auch den Kindern zugute!

Im extremen Fall ruft Elkes Verhalten die Gefahr einer unbedarf-
ten Nähe hervor. Entweder ist sie in ihrem Spieltrieb befangen für
die Bedürfnisse von Kindern oder sie lässt sich leicht vereinnahmen
durch Ansprüche der Kinder.

Kapitel 3

Was sagen Sie, nachdem Sie „Hallo" gesagt haben?

In diesem Kapitel können Sie ...

... anhand eines außergewöhnlichen Beispiels erkennen, wie es Ihnen misslingen kann, in einer Praktikumsstelle anzukommen.

... tiefsinnig und mit Feingefühl die Vielfalt des Ankommens im Praktikum ausloten.

... prüfen, wie Sie bei Ihren Kolleginnen ankommen, wenn Sie sich für „Du" oder „Sie" entscheiden.

Wichtig ist für Sie, dass Sie im Praktikum recht schnell zu Kindern Kontakt finden und die Kinder Sie kennen lernen. Aber wie geht das? Ihr Nachdenken über den richtigen Weg, die Methode, ist vorab zu klären. Denn das Ziel ist doch: Sie wollen in die Praxis! Also werden wir praktisch. Lernen Sie eine außergewöhnliche Methode, einen heiklen und glücklosen Weg kennen.

Wie Sie erfolgreich scheitern oder ankommen können

Professoressa Carmina Dotti aus Bologna stellt uns ein Ergebnis ihrer Studien unter Praktikantinnen zur Verfügung. Mit etwas Scharfsinn wird es Ihnen gelingen, eine angemessenere Vorgehensweise zu entwickeln. Amüsieren Sie sich nun über Dottis „Goldene Regeln, einfach und ganz praktisch auf dem Bauch zu landen":

✳ Beobachten Sie Stunden vor Öffnung der Kindertagesstätte den Eingang Ihres Praktikumsortes.

✳ Notieren Sie die Reihenfolge der Personen, die sich Ihrer Praktikumseinrichtung nähern. Wer besitzt die Schlüsselgewalt? Wer muss klingeln, klopfen, rufen? Benutzt jemand den Hintereingang? Diese dem Laien wenig verständlichen Beobachtungen öffnen Ihren Blick für die heimliche Hierarchie unter Ihren Kolleginnen. Außerdem erkennen Sie aufdringliche, redselige, scheue und fluchtbereite Eltern.

✻ Ist Ihre Praktikumsanleiterin eingetroffen, vermeiden Sie spontan überschwängliche Regungen und eine Begrüßung in der Öffentlichkeit. Nutzen Sie vielmehr den in dreifacher Kleinkindhöhe befindlichen Kippschalter am Eingang, um unbemerkt die Außentür zu öffnen und in die Einrichtung zu schlüpfen.

✻ Bleiben Sie auf jeden Fall in Bewegung. Herumlaufendes Personal oder Eltern sollten Ihre Zielstrebigkeit nicht stören. Vermeiden Sie deshalb unbedingt jeden Blickkontakt. In überlegener Haltung, unter Ausnutzung von Deckung gewährenden Großkübelpflanzen, Garderobenständern oder Holzeinbauten huschen Sie zu Ihrem Praktikumsbereich.

✻ Dort angekommen empfiehlt sich ein sanftes „Hallo". Deutliche Zurückhaltung ist geboten. Autorität entwirft sich aus der Distanz. Ziehen Sie sich elastisch an eine Wand zurück. So vermeiden Sie den Eindruck raumgreifender Selbstdarstellung. Nehmen Sie eine in der Schule geübte Hockstellung ein und pendeln sich so auf Augenhöhe der anwesenden Kinder ein. Eine Wand in Ihrem Rücken schützt Sie vor überraschenden Kommunikationsaufforderungen. Unentwegtes Grinsen mit den äußeren Mundwinkeln erweist sich als bahnbrechend für einen Erstkontakt.

✻ Gegenüber Kindern genügt flüchtiges Kopfnicken, um einen autoritätsbegründenden Eindruck zu wecken. Seien Sie gewarnt vor plump unprofessionellen Annäherungsversuchen der Art: „Wie heißt du denn?" „Was machst du da?" oder: „Ich heiße Helena, darf ich mitspielen?" Mit derart hilflosen Floskeln ernten Sie bei dreijährigen Entwicklungsakteuren Kopfschütteln oder Entrüstung.

✻ Bewegen Sie sich in der ersten Stunde Ihres Praktikums nicht aus Ihrer Stellung. Merke: In der Ruhe liegt die Kraft! Anwesende Erzieherinnen könnten durch Ihre Bewegungslust irritiert, junge Mütter verunsichert werden.

✻ Gegen Mittag des fünften Tages beenden Sie Ihre taktvollempathische Eingewöhnungsphase. Jetzt ist es nützlich Ihre Strategie zu ändern und offensiv vorzugehen. Reißen Sie *(wie im Unterricht geübt)* einen Zettel von Ihrem Spiral-block. Zeichnen Sie darauf in bunten Blockbuchsta-ben Ihren Vornamen, Ihre Funktion als Praktikantin und ihren Wirkungsbereich, z.B. Gruppe „Wirbel-zwerge". Heften Sie dieses Blatt irgendwo zwischen ausgehängte Zeichnungen von Kindern. So verdeutlichen Sie volle Integration und Solidarität.

Mit Ihrem Ankommen in einer Praktikumseinrichtung ist ein Vor-gang umschrieben, der zwei Seiten hat, eine äußere und eine innere. Die äußere Seite bezieht sich auf die Umstände und Überlegungen, wie Sie tatsächlich in eine Kindertagesstätte finden, Bus, Auto, Fahrrad, usw. und wohin sie gehen, wenn sie die Außentür der Ein-richtung geöffnet haben.

Die innere Seite des Ankommens betrifft den Prozess Ihrer Kon-taktaufnahme und Kontaktstabilisierung gegenüber Kindern, gegen-über der Praktikumsanleiterin, den anderen Mitarbeitern und den Eltern. Um bei Personen anzukommen, bedarf es Sympathie und Akzeptanz, letztlich braucht es Vertrauen. Vertrauen allerdings wächst selten einseitig. Vertrauen ergibt sich in einem wechselsei-tigen Prozess. Bedingungen dafür sind Zuverlässigkeit, Wertschät-zung, Respekt und Anerkennung.
Wenn Sie also bei anderen Menschen ankommen wollen, d.h. wahr-genommen, geachtet und anerkannt werden wollen, dann verbietet sich ein zurückweichendes Verhalten. Furchtsam skeptische Blicke auf Kinder oder ihre Praktikumsanleiterin, ob Sie denn wirklich bei ihnen ankommen, können geradezu verhindern, dass andere sich auf Sie zu bewegen.
Vergewissern Sie sich, wie viel Zeit Sie vor dem Praktikum an den äuß-eren Prozess des Ankommens denken und wie viel an den inneren.
Entwickeln Sie vielfältige Fantasien darüber, wie Sie Ihr Praktikum beginnen? Was sind das für Fantasien, Bilder, Vorstellungen, Imagi-nationen, Träume?
Was bewirken Fantasien und Vorstellungen für Ihre Gefühle, für Ihre Einstellung zu den Kindern, zur Praktikumsanleiterin, dem Praktikum überhaupt?
Spüren und denken Sie nach, was Sie empfinden, was Sie können. Klären Sie, was Sie wollen und was Sie beim Ankommen in Ihrer Praktikumsstelle tun werden!

Aus Annes pädagogischem Tagebuch

Der erste Praktikumstag war furchtbar voll. Die vielen Eindrücke habe ich noch nicht verkraftet. Viele Kindergesichter, Bewegungen, Gerüche, turbulente und ruhige Szenen, Eltern, sieben Kolleginnen, Lärm, Begeisterung, 101 Entscheidungen, Zuhören, Fragen, nicht Bescheid wissen, Unsicherheit und Anpacken. Eine Flut von Ereignissen war das und ich weiß noch nicht, ob ich sicher schwimme.

Wie bin ich angekommen? Klar, heute 7.30 Uhr mit der U6 am Börneplatz. Nein, wie bin ich bei den Kindern angekommen? So befragt mich meine Eitelkeit. Also noch einmal: Es geht um notwendige Sympathien, ohne die ich nicht anfangen kann, ohne die ich wie gelähmt bin. Die Kinder: Das war eigentlich kein Problem. Die reagierten neugierig und waren offen, die meisten jedenfalls. Da fällt es mir leicht, anzukommen. Die PA: Nun, die ist ganz nett, mir auch nicht unsympathisch. Die anderen Erzieherinnen: War meist ein flüchtiges „Hallo", ein paar abschätzende Blicke auf die Neue, mich! Die Eltern: Das hat noch Zeit; ein paar Mal „Guten Tag", Kopfnicken und Lächeln, mehr noch nicht. Die Leiterin: Die Frau ist korrekt, etwas distanziert, aber freundlich und macht einen ziemlich kompetenten Eindruck auf mich. Was die wohl von mir hält?

Am leichtesten ist für mich, bei Kindern anzukommen. Auf die bin ich positiv eingestellt, neugierig und bereit, mit ihnen zu spielen und herum zu albern. Außerdem hat mir Freddy, meine Puppe, geholfen. Freddy guckte aus meinem Rucksack und da wollten sofort einige Kinder wissen, wer das sei und ob sie damit spielen dürften. Freddy, mein „alter ego" wie ich gelernt habe, Freddy also hat mich bei den Kindern vorgestellt und die Kinder gefragt, was sie denn gerne tun. Für die meisten Kinder machte das Spaß. Es müssen ja nicht alle auf diesen Trick anspringen. Ich glaube, einige der älteren Jungen fanden meinen Auftritt etwas blöd; wie ich da mit Freddy redete und Freddy über mich. Na, zumindest hielten sie Abstand, taten ganz cool, beäugten mich aber hin und wieder. Das muss vielleicht halt so für sie sein?

Meine PA jedenfalls fand den Einstieg gelungen und bei den Morgenrunden wird Freddy jetzt dabei sein.

Ankommen in der Praktikumseinrichtung, bei den Kindern, der Praktikumsanleiterin und anderen Erzieherinnen, ist das etwas, das irgendwie auf Sie zukommt? Oder sehen Sie das Ankommen als eine erste Herausforderung, um erfolgreich anzukommen? Wie Anne in ihrem Tagebuch andeutet, ist das Ankommen ein Vorgang wechselseitiger Beziehung. Nicht nur Sie müssen bei Kindern ankommen. Es muss auch möglich sein, dass die Kinder bei Ihnen ankommen können. Sie müssen nicht nur bei Ihrer Praktikumsanleiterin und Ihren Kolleginnen ankommen, Sie müssen Ihren Kolleginnen Chancen einräumen, bei Ihnen anzukommen.

Dazu bedarf es einer Haltung, die überwiegend bestimmt ist von Vorfreude, Neugier, klaren Vorstellungen, von Vertrauen in die eigenen Kräfte und in die Fähigkeiten anderer, von Optimismus und Mut, sich zu verändern, undurchschaubare Situationen auszuhalten, der Fähigkeit sich abzugrenzen und sich selbstkritisch einzuschätzen.

- Überlegen Sie, welche Kräfte eine Kontaktaufnahme eher schwächen und ein gutes Ankommen beeinträchtigen? Unterscheiden Sie verschiedene Befürchtungen und Ängste!
- Prüfen Sie, wie und worauf Sie sich einstellen können und was Sie tun wollen, um eine positive Haltung gegenüber Kindern, der Praktikumsanleiterin, dem Praktikum überhaupt zu realisieren!
- Welchen ermutigenden Grundsatz können Sie für sich und Ihr Konzept formulieren? Schreiben Sie diesen Satz auf und benutzen Sie ihn täglich als guten Vorsatz für Ihr Tun!

Anne brachte sich mit der Puppe Freddy ins Spiel und fand einen Zugang zu den meisten Kindern. Wenn Sie in ähnlicher Weise einen indirekten Weg zu Kindern suchen, können Sie beispielsweise auch folgende Mittel wählen:

- ein noch in der Gruppe unbekanntes, möglichst witziges Bilderbuch;
- ein Instrument, um durch Lieder einen ersten Zusammenklang mit Kindern zu finden;
- ein Rätselspiel, das Kinder zum Tüfteln, Denken und Fantasieren lockt; u.a.m.

Sie werden aus dem, was Sie selbst gerne tun und dem was Sie können Ihr Medium bzw. Mittel finden, um bei Kindern anzukommen.

Du oder Sie? – Wie die Anrede eine Beziehung bestimmt

Wahrscheinlich haben Sie die Leiterin und Ihre Praktikantenanleiterin bei Ihrem ersten Kontakt gesiezt. Vielleicht hat Sie Ihre künftige Praktikantenanleiterin auf dem Flur aber auch so begrüßt: „Hallo, ich bin die Laura!"
Sie werden Einrichtungen finden, wo ausdrücklich über Umgangsformen nachgedacht wird, also auch darüber, wie man sich anredet. Man wird Ihnen zu verstehen geben, wie man üblicherweise miteinander spricht. So finden Sie auch Einrichtungen, wo es zum Selbst- und Arbeitsverständnis gehört, sich umstandslos mit „Du" und mit Vornamen anzureden. Hinter jeder Entscheidung stecken Gründe, die mit Beziehungsvorstellungen zu tun haben. Letztlich wirken Umgangs- und Verkehrsformen mit „Du" oder „Sie" bis in die pädagogische Arbeit mit Kindern. Immer geht es um eine gewünschte Nähe oder Distanz zueinander. Und in den Wünschen offenbaren sich persönliche Erwartungen für die Arbeitsbeziehung.

Sie gehören für einige Wochen zu einer Mitarbeitergruppe, die meist über eine ausgehandelte, z.T. auch konflikthafte Beziehungsstruktur verfügt. Wenn Sie auf diese Struktur treffen, werden Sie unausgesprochen, manchmal auch ausdrücklich, aufgefordert, sich den herrschenden Gepflogenheiten anzupassen. Sie können das an einem nachsichtig-wissenden Lächeln oder sachtem Kopfschütteln erkennen. Manchmal bekommen Sie auch eine zarte Zurechtweisung: „Wir machen das so!" oder: „Also hier musst Du nicht ..." „... kannst Du ruhig ...!"
Niemand macht sich gerne zum Außenseiter. Niemand verlangt von Ihnen, dass Sie die vorfindliche Beziehungsstruktur stören und außen vor zu bleiben versuchen. Im Gegenteil: Ein Teil beruflicher Identitätsentwicklung besteht darin, sich in fremden Situationen zurecht zu finden. Ein wichtiger Schritt zu professionellem Handeln zeigt sich in der Fähigkeit, sich Gegebenheiten anzupassen, ohne sich dabei zu unterwerfen oder seine pädagogischen Ideen aufzugeben.

Wenn Sie als Praktikantin in eine Gruppe von Erzieherinnen eintreten, signalisieren Sie unausgesprochen einen Beziehungswunsch. Und mit „Du" oder „Sie", mit dem Gebrauch von Vor- oder Nachnamen geben Sie diesem Wunsch hörbar Ausdruck. Ein Irrtum wäre allerdings, „Siezen" begründe eine abgrundtief humorlos-nüchterne Beziehung. Und töricht ist die Annahme, „Duzen" überwinde Fremdheit und Gegensätze, erspare leidvolle Konflikte.

Ein „Du" kann Differenzen und Spannungen geradezu verschleiern oder einen naiven Harmoniewunsch anzeigen: „Wir gehören doch alle zusammen und mögen uns, fast wie eine Familie!" Ein „Sie" kann u.U. Respekt und liebevolle Anerkennung deutlich akzentuieren und die Zusammenarbeit achtungsvoll gestalten.

Was in der Einrichtung gilt bzw. üblich ist, bekommen Sie meist schnell heraus. Demgegenüber scheinen Ihre eigenen Wünsche zurück gehalten oder versteckt werden zu müssen. Vielleicht mutet es Ihnen taktlos an, die neuen Kolleginnen mit Ihrer eigenen Vorstellung bezüglich der Umgangsformen zu konfrontieren? Es ist eine Vermutung, dass freundlich formulierte Ansprüche taktlos erscheinen könnten. Eine Vermutung oder Annahme ist ein Gedanke, noch keine Realität. Was tatsächlich wirkt, was in der Einrichtung gebräuchlich ist, sollten Sie erfragen. Dann wissen Sie, worauf Sie sich einlassen wollen oder nicht. Ungeprüfte Annahmen oder Vermutungen können aufzubauende Beziehungen unnötig verkomplizieren. Schauen wir uns das einmal genauer an.

Schon mit Ihrem Eintreffen in der Praktikumseinrichtung vermitteln Sie unausgesprochen eine Botschaft, teilen Sie Wünsche und Interessen mit. Vielleicht denken Sie so:

Ich will und werde für eine gewisse Zeit zu Euch gehören und bald werde ich auch eine von euch sein *(nämlich staatlich anerkannte Erzieherin)*. Für die begrenzte Zeit meines Praktikums möchte ich von euch anerkannt, akzeptiert werden und mittun.

Wie wäre es, wenn Sie Ihre Botschaft und Ihre Wünsche der Praktikumsanleiterin sagen? Vielleicht wird Ihre Praktikantenanleiterin lachen und sagen:

„Ist schon gut. So kompliziert müssen wir uns das nicht machen. Von mir aus können wir uns erst mal einfach Duzen! Und dann reden wir darüber, was Du hier machen kannst."
Oder sie reagiert so:
„Na ja, das sind ganz interessante Gedanken. Wir werden mal sehen, wie sich Ihr Praktikum entwickelt! Schauen Sie sich die ersten beiden Tage einfach um!"

Die zweite Bemerkung muss nicht als distanzierende Zurückweisung interpretiert werden oder gar als zarter Hinweis darauf, dass das Praktikum zu scheitern droht. Manchmal ist bewusste Distanz der Beginn einer wunderbaren Freundschaft.

Bevor Sie mit der Praktikumsanleiterin sprechen, ist es sinnvoll, sich die eigenen Beziehungswünsche zu vergegenwärtigen. Fragwürdig sind besonders folgende Glaubensüberzeugungen:
- Nur wenn ich Sieze und gesiezt werde ich geachtet und bewahre ich meine Autorität!
- Nur wenn ich Duze und geduzt werde, bin ich gleichwertig und anerkannt!
- Umgangsformen sind ohnehin Schnickschnack; ich red so, wie mir der Schnabel gewachsen ist!

Wie machst Du es mit dem „Sie"?
Bei einem Reflexionstreffen von Praktikanten war folgender Dialog zu hören:

Ines: *Hör mal, meine Praktikumsanleiterin ist gerade vier Jahre älter als ich. Da sag ich doch nicht Frau Werner zu ihr.*
Babs: *Kommt mir auch komisch vor. Aber vielleicht will sie ja gerade, weil sie so jung ist, mit einem „Sie" etwas Distanz. Vielleicht braucht sie das, nicht du.*
Ines: *Bei älteren Praktikumsanleiterinnen stellt sich das Problem gar nicht. Da käm ich gar nicht auf die Idee, „Du" zu sagen.*
Babs: *Bei den richtig Erwachsenen, meinst du? Wann fangen denn die Kolleginnen an, älter zu sein, mit 30, 40, oder 50?*

Wenn Sie dieses Problem kennen, überlegen Sie:
- Welche Motive bestimmen meine Beziehungswünsche zur Praktikumsanleiterin?
- Von welchen Bedingungen machen Sie Ihre Entscheidung für „Du" oder „Sie" abhängig?

Wie viel Distanz braucht ein Nein?

Schafft der Gebrauch von „Du" oder „Sie" Bedingungen, die es erleichtern bzw. erschweren, sich unzumutbaren Arbeitsansprüchen zu entziehen? Fällt es leichter, eine Anforderung zurück zu weisen, „Nein" zu sagen, wenn man mit einem betonten „Sie" Distanz signalisiert? Droht mit dem Gebrauch des „Du" gar eine vereinnahmende Kumpanei?
Untersuchen Sie im Folgenden Ihre Reaktionen auf unterschiedliche Anredeformen und differenzieren Sie zwischen verschieden erlebten Formen des Siezens und Duzens.

Aus den Studien von Professoressa Dotti übernehmen wir eine Testaufgabe, die Ihre Fähigkeit „Nein" zu sagen mit den Variablen „Du" bzw. „Sie" verknüpft. Achten Sie während der Bearbeitung auf Ihre Gefühle und prüfen Sie sie nach den beiden Antwortversuchen. In welcher Situation fällt es mir leichter, „Nein" zu sagen?

1. Beispiel
Nach der ersten Praktikumswoche winkt Ihnen Betty zu. Sie ist Ihre Praktikantenanleiterin. Als die letzten Kinder den Geschirrwagen mit den Mittagessensresten in die Küche schieben, beginnt sie: „Du, am nächsten Dienstag würde ich mich gerne in Bielefeld auf dem Spiele- und Gauklermarkt umsehen. Für den einen Vormittag kommst du doch klar. Es fehlen sowieso ein paar Kinder und etwas Besonderes ist in der Gruppe ja nicht los."

Formulieren Sie eine ablehnende Antwort an Betty!

2. Beispiel

Frau Jeschke ist Ihre Praktikumsanleiterin. Nach dem Hochstellen der Stühlchen bittet Frau Jeschke: „Bleiben Sie noch einen Moment! Ich habe noch ein Anliegen an Sie. In der kommenden Woche ist der Spiele- und Gauklermarkt in Bielefeld. Ich möchte mich da gerne umsehen. Da einige Kinder ohnehin krank sind und nichts Besonderes geplant ist, könnten Sie da die Gruppe am Vormittag alleine betreuen?"

Formulieren Sie eine ablehnende Antwort an Frau Jeschke!

Alexa Goldbach:
*„Allzeit bereit" ist kein erzieherisches Ideal,
sondern eine Losung der Pfadfinder!*

Kapitel 4

Wie Sie Ihren Arbeitsplatz erkunden können

Als erstes wird Ihre Praktikumsanleiterin Ihnen zeigen, in welcher Gruppe Sie arbeiten. Sie wird Ihnen auch mit wenigen Sätzen beschreiben, was zu Ihrem Arbeitsbereich gehört. Vielleicht werden Sie aber auch auf diese Weise ermuntert: „Schau Dich mal um und mach irgendwie mit. Wir werden dann in der nächsten Woche genau verabreden, was Du hier machen kannst!"

In erster Linie werden Sie auf die Kinder schauen. Sie werden sie beobachten, sie ansprechen, mit ihnen spielen und lernen, sie differenzierter einzuschätzen. Durch den schulischen Unterricht werden Sie in der Regel auf diese Aufgabe recht gut vorbereitet sein.

Zuweilen fehlt jedoch Zeit, eine Idee zu entwickeln, wie Sie die in der Praxis vorfindlichen Bedingungen für Ihr pädagogisches Handeln erkunden können.

Deshalb werden hier beispielhaft und exemplarisch Vorschläge entwickelt, ...

... welche pädagogische Bedeutung bestimmte Zeiten im Tagesablauf der Einrichtung bekommen können.

... wie Sie einen ersten Blick für die Wirkung von Räumen auf die Erziehungsarbeit gewinnen können.

... warum Sie sich im Dschungel offener und heimlicher Regeln behaupten lernen müssen.

... wie Sie wichtige Knoten der betriebsinternen Kommunikation erfassen und darauf reagieren können.

Erfahrungsgemäß gibt es zwei extreme Verhaltensweisen, die den Erfolg von Praktikantinnen beeinträchtigen können. Wir zitieren Professoressa Dotti mit zwei negativen und einer positiven Empfehlung:

✳ Vermeiden Sie eine unterwürfige Haltung, vorüber huschendes Auftreten mit der nonverbalen Botschaft: „Entschuldigen Sie, dass ich da bin!"

✳ Treten Sie nicht allzu forsch auf. Vermeiden Sie jede Ähnlichkeit mit der belehrend-kontrollierenden Stimme Ihres Mentors: „Ihr habt doch hier ein Konzept, oder?"

✳ Üben Sie eine explorative, forschende und sachliche Fragehaltung. Nutzen Sie klare W-Fragen, z.B.: Worauf kommt es dir bei der Arbeit hier an?, Was ist in dieser Woche Besonderes dran? Wann haben Sie Zeit, mit mir über meine ersten Eindrücke zu sprechen?

In Anerkennung der alten philanthropischen Weisheit von Alexa Goldbach „Handle selbst, bevor du behandelt wirst!", ist es nützlich, in den ersten Tagen Ihren Arbeitsplatz systematisch zu erkunden.

Die Zeitstruktur erfassen

Zunächst werden Sie wohl wissen wollen und erfragen, was für den aktuellen Tag anliegt. Vielleicht informiert Sie Ihre Praktikumsanleiterin darüber, was getan werden muss oder welche besonderen Ereignisse zu erwarten sind:

● Bis zehn Uhr sollen alle Kinder gefrühstückt haben.
● Um 11.30 Uhr kommt Frau Berning; ich muss mit ihr noch etwas wegen unseres Ausfluges zu den Fischteichen klären.
● Schau bitte um Viertel vor elf in die Küche und richte den Wagen mit dem Geschirr, Besteck und den Schüsseln; kläre vorher ab, welche Kinder zum Mittagessen bleiben; die Liste hängt neben der Tür.
● Um 12.30 Uhr ist mit allen eine Terminabsprache für eine besondere Teamsitzung mit unserer Fachberaterin; wenn du daran teilnehmen willst ...

Damit können Sie sich fürs erste orientieren. Dennoch wäre es peinlich, aus Unkenntnis über die detaillierten Tagesabläufe und Rituale immer wieder klammheimlich die kleine Sonja zu fragen, was so alles im Kindergarten passiert. Nicht ganz ungefährlich ist die Taktik, auf Tuchfühlung hinter dem Absatz Ihrer Praktikumsanleiterin dahin zu gleiten, damit Ihnen nichts entgeht. Völlig unmöglich machen Sie sich, wenn Sie einfach irgendwo sitzen bleiben und warten, dass Kinder die Praktikumsanleitung übernehmen.

Wenn Sie über die ersten beiden Tage Ihres Praktikums nachdenken, werden Sie eine bestimmte, wiederkehrende Abfolge erkennen. Es gibt eine Zeit, da noch gar keine oder nur wenige Kinder in der Einrichtung sind. Die Mitarbeiterinnen setzen sich vielleicht zusammen und treffen letzte organisatorische Absprachen; eventuell werden Vorbereitungen in der Küche oder in Gruppenräumen getroffen. In Horten werden die Vormittage auch genutzt, um sich über Vorfälle und Probleme, Vorlieben und Interessen von Kindern auszutauschen. Dann gibt es eine Zeit, in der vermehrt Kinder gebracht werden bzw. im Hort eintreffen.

Die Kinder werden begrüßt und empfangen. So wird ihnen das Ankommen in der Kindertagesstätte erleichtert. Mit den Müttern können Sie meist kurz sprechen. Möglicherweise werden Sie sich ihnen direkt vorstellen oder einen ersten Eindruck suchen, wessen Kind in Ihrer Gruppe ist.

Im Hort brauchen die Kinder nach ihrer Ankunft oft Spielraum, die Schulerlebnisse zu verarbeiten oder hinter sich zu lassen. Sie wiederum können beobachten, wie Kindern dabei geholfen werden kann. Beobachten Sie einmal, wie unterschiedlich Erzieherinnen ankommende Kinder ansprechen! Bei manchen Kindern bringen sie ein lässiges „Hallo" an. Ein anderes Kind wird spezifischer angesprochen: *„Na, wie war's denn heute bei Frau Elgert?"*

Einige Übungen

Achten Sie darauf, mit welchen kleinen Gesten der Wertschätzung, mit welchen freundlich aufmunternden Blicken oder Anteil nehmenden Berührungen die ankommenden Kinder begrüßt werden! Nehmen sich Erzieherinnen Zeit, sind sie wach für das, was die Kinder vom Morgen und aus der Schule mitbringen? Was können die

Erzieherinnen überhaupt leisten zwischen dem Eintreffen der Kinder und den letzten Vorbereitungen für die erste Essengruppe?

Oder wird die Situation der Ankunft im Hort gedankenlos verpasst? Nimmt niemand wahr, wie die Kinder ankommen? Wird das Auftauchen der Kinder nur flüchtig registriert? Hält sich keine Erzieherin im Eingangsbereich auf? Wie mag das auf Kinder wirken: Sie kommen in ihren Hort und keine von den Erzieherinnen geht auf sie zu! Nehmen Sie auf, was sich da abspielt oder auch verpasst wird. Und prüfen Sie für sich, auf welche Weise Sie auf die noch fremden Kinder zugehen können. Wie können Sie Kindern zeigen, dass sie willkommen sind und erwartet werden? Und stellen Sie fest, was Sie über die Kinder und deren Leben wissen müssen, um sie treffend ansprechen zu können.

Hier entfaltet sich ein pädagogisches Thema, das zum Gegenstand einer Reflexion mit Ihrer Praktikumsanleiterin gemacht werden kann.

Pädagogische Aufgaben sind für manche Praktikantinnen im Hort nicht leicht zu erkennen. Was gibt es jenseits von Hausaufgabenbegleitung, Spiel-, Werk- oder Exkursionsangeboten bzw. besonderer Feste pädagogisch zu tun? Kann auch das Mittagessen zu einer pädagogisch relevanten Situation werden, auch wenn dabei oft energische und laute, disziplinierende oder moralisierende Sätze fallen?

Was aber machen Erzieherinnen vormittags während ihrer Vorbereitungszeit, wenn meist kein Kind in der Einrichtung ist? Und wie können Sie als Praktikantin diese Zeit sinnvoll, zur Erweiterung Ihrer beruflich-fachlichen Erfahrung nutzen?

Um praktisch erfolgreich zu werden, sollten Sie sich im Fragen üben. Dabei seien Sie getrost, dass nicht jede Frage schon eine Antwort braucht, damit Sie handeln können. Mit Fragen jedoch öffnen Sie Ihren Blick für pädagogische Handlungsanlässe.

Noch mehr Übungen

● Erkunden Sie doch zunächst einmal, was Ihre Kolleginnen tagsüber tun. Beschreiben Sie deren alltägliche Tätigkeiten mit einer Liste von Verben. So bekommen Sie einen Überblick über die Vielfalt praktischer Anforderungen.

- Bewerten Sie dann die Liste unter den Gesichtspunkten: Welche alltäglichen Handlungsweisen sind mir geläufig, vertraut und fallen mir leicht?
- Bei welchen alltäglichen Handlungsweisen fühle ich mich eher unsicher, welche sind mir ungewohnt?
- Dann können Sie entscheiden, welche Handlungsweisen Sie üben, erweitern oder neu erproben wollen.
- Sprechen Sie mit Ihrer Praktikumsanleiterin über die Idee, bestimmte Handlungsweisen zu trainieren und einen eigenen, kleinen Ausbildungsplan für Ihre Praktikumszeit zu erstellen. (→ *Weitere aufschlussreiche Anregungen, die eigene beruflich-fachliche Entwicklung über alltägliche Handlungsweisen voranzutreiben, bietet Gruschka/Hesse/Schomacher)*

Informieren Sie sich, was Horterzieherinnen vormittags tun, um ihre pädagogische Arbeit zu planen und zu organisieren. Sie werden vielleicht entdecken, dass Sie ...

- Ideen für die Begleitung der Kinder bei den Hausaufgaben austauschen
- organisatorische Absprachen für Exkursionen, Feste, Gespräche mit Eltern, Lehrern oder Behörden u.a. treffen
- Informationen über Kinder und deren Aktivitäten austauschen
- pädagogische Ideen prüfen und weiterdenken
- Lebensmittel besorgen und über Neuanschaffungen von Material entscheiden
- Räume vorbereiten und gestalten
- Problematische Vorkommnisse beraten und Handlungsstrategien entwickeln

Jede dieser Aufgaben verdient Beachtung und eine eigene Einschätzung. Dann sollten Sie nicht mehr in die Verlegenheit kommen, gegenüber der Mentorin behaupten zu müssen, es gäbe kein Thema für eine Reflexion mit Ihrer Praktikumsanleiterin.

Die Raumstruktur durchschauen

Menschen schaffen und gestalten Räume, um angenehm zu leben, um sich beschützt und gut aufgehoben zu wissen. Spezielle Häuser oder besondere Bereiche, wie Bezeichnungen „Kindergarten",

„Hort", „Heim" und „Kinderhaus" andeuten, sollen Kindern ein ihnen gemäßes Leben sichern. Es sind Schutzbereiche, ausgegliedert aus den Verkehrszonen und Arbeitsfeldern von Erwachsenen. Böse Zungen sprechen von Kinderreservationen, vom „Inselcharakter" sozialpädagogischer Einrichtungen.

Wie erleben Sie Ihre Praktikumsstelle? Macht sie einen eher abgeschotteten und vom Lebensumfeld isolierten Eindruck oder finden Sie die Einrichtung in die Umgebung eingebettet und vernetzt?

Kindergärten und Horte sind Orte, die innerhalb eines Gemeinwesens wichtige Kommunikationsfunktionen haben. Ihr Beitrag zur Gemeindebildung und -entwicklung sollte nicht unterschätzt werden. Sozialpädagogische Einrichtungen übernehmen eine gesellschaftliche und eine vergesellschaftende Aufgabe.

Ein komplexerer Blick für die Räume sozialpädagogischer Arbeit wird während eines Blockpraktikums nicht unmittelbar geweckt. Naheliegender und augenfälliger ist vielmehr die Gliederung einer Kindertagesstätte mit ihren unterschiedlichen Räumen und deren Funktionen. Zu welchem Zweck sind einzelne Räume da? Besichtigen Sie zunächst alle Räume und das Außengelände Ihrer Praktikumseinrichtung.

Fertigen Sie dann eine einfache Planskizze an! *(Sollte das Gebäude mehrere Stockwerke umfassen, skizzieren Sie jede Etage für sich.)* Lassen Sie sich die vorbestimmten Zwecke der Räume nennen und tragen Sie diese Bezeichnungen in die Skizze ein, z.B.: Gruppenraum, Turnraum, Flur, Küche, Büro, Mitarbeiterzimmer, Abstellraum usf.

Jetzt haben Sie die Zweckbestimmungen des Architekten oder Bauherrn erfasst. Aufschlussreicher für die pädagogische Arbeit ist, wenn Sie die Zuordnungen ermitteln, die die Erzieherinnen für die Räume vorgenommen haben.

Die tatsächliche Raumnutzung

- Dient beispielsweise das Büro der Leiterin auch als Versammlungsort für Teamsitzungen?
- Ist die Küche jederzeit den Kindern zugänglich, also auch ein Ort, wo die Kinder der Arbeit von Erwachsenen zuschauen oder bei

Tätigkeiten von Erwachsenen mithelfen können *(Ausräumen der Spülmaschine; Zuschneiden von Rohkost u.a.)*?

- Ist der Flur Spielbereich für Kinder oder gibt es dort einen speziellen Aufenthaltsbereich für Eltern, für Mitarbeiter oder einen Bereich, wo Kinder gruppenübergreifend frühstücken können?
- Wie werden Werk-, Theater- oder Schminkecken von Kindern genutzt?

Tragen Sie die tatsächlichen Funktionen der einzelnen Räume in Ihre Skizze ein. Sie kommen mit Ihren Untersuchungen jetzt dem pädagogischen Konzept eines Teams näher.

- Wie klar und eindeutig sind Räume oder Teilbereiche bestimmten Spiel-, Gestaltungs- und Lernmöglichkeiten zugeordnet?
- Gibt es eine feste, über längere Zeit unveränderte Raumstruktur für eine Gruppe, beispielsweise eine Bücher- und Vorleseecke, ein Frühstücksbereich, usw.?
- Sind die Räume durch feste Einbauten *(Hochebenen, „Podestlandschaften" und Nischen)* unveränderbar oder weitgehend unmöbliert, mit beweglichen Stellwänden, Sitzkissen, Großpflanzen, Pappkartons u.a.?
- Richten Kinder jeden Tag ihre Aktionsbereiche her bzw. müssen sie sich aufgrund der Raumgröße Spielbereiche sichern, gar erkämpfen?

Stellen Sie fest, was Sie vorfinden und fragen Sie nach, warum das Team einen Raum in bestimmter Weise eingerichtet hat! Was hat sich als nützlich erwiesen und womit ist Ihre Praktikumsanleiterin unzufrieden?

Vielleicht bewirken Ihre Fragen ein Nachdenken darüber, wie ein Raum auf Kinder *(und Mitarbeiterinnen)* wirkt. Eventuell muss man das, was man pädagogisch will, über eine veränderte Raumordnung unterstützen. All zu leicht passt man sich oft in räumliche Gegebenheiten ein, setzt gewohnte Raumvorstellungen um. Im täglichen Tun wird leicht vergessen, was einen zunächst störte, unpraktisch war oder befremdlich. Aber ein Raum wirkt und er beeinflusst unser Empfinden und Erleben, beeinflusst die pädagogische Arbeit. *(→ Spannende Überlegungen zur Raumwirkung und Erfahrung sowie ein spezifisches Raumkonzept entwickelte Mahlke/Schwarte.)*

Wie Kinder ihre Räume nutzen

In einem weiteren Schritt können Sie erforschen, was Kinder mit den vorgegebenen Spiel- und Funktionsbereichen anfangen.
Dienen Tischgruppen z.b. weniger dem gepflegten Brettspiel oder dem Malen als vielleicht zum Bau von Höhlen für einen imaginierten Jagdausflug?
Wird die Kleiderkiste ausgeräumt, um mit den Kostümen ein „Kleiderbad" einzurichten?
Auf welche Weise funktionieren Kinder Spielräume und -materialien um. Wie definieren sie ihre Räume?

Durch Beobachtung der Spielstrategien von Kindern können Sie Einiges über deren imaginierte Spiellandschaften erfahren. Sie können entdecken, wie Kinder sich Lebensrollen vorstellen, welche Konflikte sie erleben, kurz, was ihre aktuelle Situation bestimmt. Ein erster analytischer Schritt, um die Lebenssituation von Kindern zu erschließen und um zu erkennen, auf welche Bedürfnisse und Entwicklungsaufgaben Sie antworten müssen.

Wie Kinder ihren Raum wahrnehmen – eine kleine Untersuchung

- Begeben Sie sich in die Hocke, in Augenhöhe der Kinder und blicken Sie von unterschiedlichen Positionen innerhalb des Raumes umher. Registrieren Sie, was Kinder in den Blick bekommen können!
- Welche Aussichten und Durchblicke eröffnen sich von den verschiedenen Positionen?
- Wodurch wird der Blick für Kinder verstellt *(bewusst oder unabsichtlich)*?
- Gibt es Bereiche, die für andere Kinder nicht einsehbar sind, wo Kinder sich verbergen können *(Rückzugsbereiche)*?
- Können die Kinder sehen, was sie sehen sollen? *(z.B. Materialien, Kleiderhaken, aufgehängte Bilder, Ablagefächer, Ordnungstafeln u.a.m.)*
- Womit Kinder spielen und hantieren: Werfen Sie auch einen Blick auf das Spiel- und Materialangebot in der Gruppe. Sind die Spiele vollständig, brauchbar und gepflegt?

- Gibt es hinreichend Material *(Buntstifte, Karton, Perlen, Steine, Bauklötze, Knöpfe, Stoffe usw.)* oder gibt es Engpässe, weil bestimmte Materialien von Kindern bevorzugt gebraucht werden *(Sollen beschränkte Materialien ergänzt und aufgefüllt oder bewusst begrenzt bleiben)*?
- Ist für Sie erkennbar, ob Spiele und Materialien für bestimmte Kinder zum Zeitvertreib dienen und/oder deren Geschick, Konzentration, Denken, deren sprachliche Vermittlungsleistung, Gestaltungsideen, Fantasien und Einfallsreichtum herausfordern?
- Gibt es Bilderbuchgeschichten für 6-Jährige? Welche Sachbilderbücher, Bilderlexika sind vorhanden bzw. zugänglich?
- Welche Gegenstände können Wissensdurst, Entdeckungsfreude und Experimentierlust von Kindern locken *(Glocken, Prismen, Spiegel, Schreibmaschine, funktionstüchtige Haustelefone, Waagen, Messbecher, echtes Handwerkszeug, Seile, ein gebrauchsfähiger Herd bzw. Backofen u.a.m.)*?

Die so genannte „Kindergartenmüdigkeit" bei älteren Kindern begründet sich z.T. auch durch blinde Flecken bei der Ausstattung mit Spielen. Oft fehlen beispielsweise besonders schwierige Puzzle mit ansprechenden Bildern. Es gibt kein Zahlen- und Buchstabenmaterial, mit dem ältere Kinder sich selbst Lesen und Rechnen beibringen könnten. Jungen fehlt häufig anspruchsvolles technisches Konstruktionsspielzeug.

Mit Ihrer Bestandsaufnahme erfahren Sie etwas über die pädagogischen Zielvorstellungen der Erzieherinnen. Sie erkennen deren mediale Vorlieben, mithin deren Vorstellung davon, was Kinder brauchen und wer Kinder sind. Ihre Recherche kann reichhaltigen Gesprächsstoff mit der Praktikumsanleiterin liefern. Fragen Sie nach, warum es zu welchen Entscheidungen kam, was mit der vorfindlichen Einrichtung und Ausstattung bezweckt wird. Vergleichen Sie weiterhin, was davon Ihren eigenen Ideen entspricht und was nicht. Mit diesem Vorgehen klären Sie Ihre eigene pädagogische Orientierung und gewinnen neue Perspektiven für Ihr künftiges Handeln, kurz: Sie üben sich mit Urteilskriterien und sammeln Erfahrungen.

Die Regeln erkennen

Meistens sind geltende Absprachen, Erlaubnisse und Verbote, die das alltägliche Zusammensein mit Kindern erträglich gestalten, für eine Praktikantin nicht ohne weiteres überschaubar. Selten gibt es schriftlich fixierte Regelkataloge und auf Nachfrage erfahren Sie nur wenige, bewusste Vereinbarungen, wie:

- Die Kinder können sich nach dem Frühstück selbst entscheiden, ob sie nach draußen gehen; sie müssen sich nur entsprechend anziehen und der Gruppenerzieherin Bescheid sagen.
- Es dürfen nicht mehr als vier Kinder in die Verkleidungsecke.
- Montags und donnerstags können wir den Turnraum von 10.00 bis 12.00 Uhr nutzen.
- Die Kinder dürfen bis 15.00 Uhr an ihren Hausaufgaben arbeiten, dann sollten sie sich anderweitig beschäftigen; wo sie sich aufhalten, stecken sie an einem Plan ab *(Hort)*.

Neben offiziellen Informationen über Regeln gibt es jedoch eine Fülle verborgener Abmachungen, regelhafter Gewohnheiten und Erwartungen. Die lernen Sie meist erst im Konfliktfall kennen. Wenn ein „Gesetz" der Einrichtung gebrochen, eine „Grenze" überschritten, eine Regel nicht beachtet wurde, dann setzt man sich darüber auseinander, was gelten soll.

Bei einem auf wenige Wochen befristetes Praktikum dürfen Sie ruhig in einige „Fettnäpfchen" treten. In der Regel ist das keine Katastrophe, leider nur etwas peinlich. Gönnen Sie wenigstens den Kindern das nicht zu unterschätzende Vergnügen, dass sie sich im Regeldschungel oft besser auskennen und wissen, wie man unangenehme Regeln umgeht. Kinder erproben an und mit Ihnen ihr Selbstbehauptungsvermögen.

Kennt die Praktikantin sich aus?

Kann ich mir auf Grund ihrer Unkenntnis neue Freiheiten erobern?

Inwieweit wird die Neue sich mir gegenüber behaupten und die geltenden Regeln durchsetzen?

Wie sichert sie sich Einfluss und Autorität? Schreit sie, droht sie, argumentiert sie, besticht sie mich, wird sie gewalttätig? Schmollt sie, beleidigt sie oder beschimpft sie mich, nimmt sie mir etwas

weg, trickst sie mich aus, holt sie sich die Hilfe der Gruppenerzieherin? Kurz: Ist sie als Machtfaktor ernst zu nehmen?

Die eigene Macht akzeptieren

Sie sind gar kein Machtfaktor? Unabhängig davon, ob Sie Ihre Macht wahrnehmen, Sie beeinflussen als neue Person die eingespielte Gruppenstruktur. Für einige Kinder sind Sie eine neue Chance, ihren Erlebnishunger zu stillen. Zu den vorhandenen Kindern sind Sie eine Beziehungsalternative. Mit Ihnen verbinden sich projektive Hoffnungen.

Für andere Kinder sind Sie eher bedrohlich. So lange Sie noch nicht richtig einzuschätzen sind, belegen Kinder Sie mit projektiven Befürchtungen und Ängsten: Wie wird sie ihre Macht, ihren Einfluss ins Spiel bringen?

Anderen Kindern wiederum sind Sie relativ gleichgültig. Da ist eben noch jemand in der Gruppe. Aber die Kinder brauchen Sie nicht, wollen Sie auch nicht näher kennen lernen. Die vorhandenen Beziehungen und Handlungsmöglichkeiten genügen ihnen.

Überlegen Sie: Ist Ihnen Macht unheimlich, weil Sie Macht nur als Gewalt und Herrschaft kennen? Wie können Sie ohne Macht, also ohnmächtig, Kinder beeinflussen?

Macht ist Einfluss auf andere Menschen. Einfluss kann als Autorität auftreten, ist aber immer gefährdet, zur Herrschaft zu verkommen (→ vgl. Geissler).

Aber keine Angst, nur Vorsicht vor der eigenen Macht. Sie müssen Sie positiv wollen. Die Kinder werden Ihnen das zumuten. Sie werden eine Probephase, eine „Machtkampfphase" durchstehen lernen. Sie werden beäugt, getestet, geneckt und belastet. Ohne Frage – das ist nicht leicht. Doch können Sie durch Auseinandersetzungen mit Kindern ein erkennbares Profil entwickeln. Sie werden zu einem Profi, wenn Sie sich Ansprüchen der Kinder stellen, Herausforderungen aushalten und nicht wegsehen oder ausweichen. Für die Kinder wird deutlich werden, was sie an Ihnen liebenswert finden können und was nicht. Kinder werden finden, was sie Ihnen begeistert und was sie bewundern können. Sie werden einige Ihrer Verhaltensweisen ablehnen und vielleicht überzeugt sein, Sie an manchen Stellen bekämpfen zu müssen.

Entscheiden Sie sich, unausweichliche Kämpfe zivil zu führen. Verzichten Sie ängstlich auf Auseinandersetzungen mit Kindern, erscheinen Sie ohnmächtig. Ohne Einfluss jedoch können Sie nicht auf Kinder wirken. Ohne spannungsreiche Zumutung bekommen Sie von Kindern selten ein Vertrauen eingeräumt, in ihrem Leben mitzuwirken. Ohne Willen und Energie, auf und mit Kindern zusammen zu wirken, werden Sie keine Erzieherin, bestenfalls eine freundliche Bekannte. Lernen Sie deshalb, Ihre Macht und die Gegenmacht der Kinder anzunehmen. Akzeptieren Sie bei sich selbst die unumgänglichen Fehler bei Auseinandersetzungen. Fragen Sie Ihre Praktikumsanleiterin, wie sie diese wiederkehrenden Machtspiele und Konflikte löst bzw. erträgt.

Mit Ihrer Praktikumsanleiterin könnten Sie vereinbaren, dass Fehlentscheidungen prinzipiell zulässig sind. Aus Fehlern kann mehr und nachhaltiger gelernt werden, als aus rundum gelungenen Aktionen. Nur wenn Sie riskieren, Fehler zu machen, werden Sie erfahrener werden. Diese Chance gilt es, im Praktikum zu nutzen und deshalb sollten Sie mit Ihrer Anleiterin ernsthaft vereinbaren, fehlen zu dürfen. Der hier beschriebene Sachverhalt widerspricht leider meist unseren bisherigen Erfahrungen mit Lernen, besonders mit dem Lernen in Schulen. Zuallererst müsste eben von den ausbildenden Lehrkräften verstanden werden, welche Chancen für eine nachhaltig pädagogisch-praktische Orientierung Fehler, Krisen, Umwege, ja sogar Sackgassen bieten.

Die Kommunikationsstruktur erschließen

Zu Ihrem Auftrag für das Praktikum gehört in der Regel, dass Sie Beziehungen zwischen Kindern beobachten und beachten. Sie sollen feststellen, wie Kinder miteinander umgehen, fachsprachlich, wie sie kommunizieren. Sie werden bemerken, worüber Kinder sich austauschen, was sie besprechen. Durch diese Beobachtungen ergeben sich erste Eindrücke von der Lebenssituation eines Kindes.

Neben den kommunikativen Beziehungen und Bezügen der Kinder gibt es Kommunikation zwischen Erwachsenen und Kindern und Kommunikation zwischen den erwachsenen Kolleginnen.

Wie Erzieherinnen und Eltern mit Kindern reden, was sie mit ihnen besprechen und verhandeln ist durchweg aufschlussreich. Sie gewinnen damit Kenntnis über Erziehungsziele und pädagogische Vorstellungen der Erwachsenen. Sie bekommen Aufschluss über das so genannte „erzieherische Verhältnis" und darüber, wie ein Erwachsener in unterschiedlichen Situationen ein Kind wahrnimmt, z.B. als niedlichen Spielkameraden, als Objekt von Belehrung, als widerspenstige Kraft, als Investitionsobjekt für Bildung u.a.m.

Kommunikation zwischen Erwachsenen und Kindern ist ein interessanter Schauplatz für anthropologische Studien. Sie können aufschlussreiche Übertragungsvorgänge und Projektionen erkennen. Diesem Sachverhalt gelten immer wieder auch schulische Aufgabenstellungen für ein Praktikum. So soll hier Ihr Augenmerk auf die Kommunikation zwischen den Erzieherinnen selbst und Ihnen gelenkt werden:

- Was wird in Ihrer Praktikumseinrichtung kommuniziert?
- Wie wird in Ihrer Praktikumseinrichtung kommuniziert?

Formelle und informelle Kommunikation

Die Beantwortung der ersten Frage kann Ihnen einen Einblick in die vielfältigen Aufgaben einer sozialpädagogischen Einrichtung ermöglichen. Dabei ist privater Austausch von dienstlicher Kommunikation zu trennen. Sie müssen lernen, sowohl direkte *(formelle)* dienstliche Gespräche, wie auch indirekten *(informellen)* Gedankenaustausch wahrzunehmen. Für beide Arten gibt es eventuell typische Kommunikationsorte und -zeiten.

Beiläufig wird zwischen „Tür und Angel", auf dem Flur parlierend, in der Küche bei einem Schluck Kaffe, beim Aufräumen von Regalen zum Tagesschluss darüber gesprochen, welches Material eingekauft werden muss oder wer mit Frau Gneiser über ihren Frederik spricht. An anderer Stelle wird ausdrücklich beraten, was anliegt und zu tun ist. Die Erzieherinnen setzen sich z.B. einmal in der Woche ins Büro der Leiterin, oder sitzen täglich, bevor die Kinder gebracht werden im Flur an einem besonderen Tisch oder treffen sich mittags im Mitarbeiterzimmer, um zu überlegen, wie sie die Eingewöhnungsphase der 3-Jährigen unterstützen können oder was für die Aktion „Orientierung im Stadtviertel" noch zu planen ist.

Übung

- Stellen Sie fest, an welchen Orten und zu welchen Zeiten sich Erzieherinnen über ihre Arbeit beraten. Wann planen und treffen sie verbindliche Entscheidungen *(Mitarbeitergespräche, Einzelgespräche mit der Leiterin, Teamsitzungen)*?
- Beobachten Sie die informelle Kommunikation! Was wird an dienstlichen Angelegenheiten beiläufig, sozusagen zwischendurch besprochen. Wo bahnen sich Vorentscheidungen zwischen einzelnen Kolleginnen an *(Kleine Kaffeerunde in der Küche, Zwiegespräche während der Mittagspause, Kurzabsprachen auf dem Flur, Überlegungen während der Aufsicht auf dem Außengelände)*?
- Ordnen Sie dann Ihre Informationen: Welche Themen, Aufgaben oder Vorhaben werden in den formellen Arbeitsgesprächen verhandelt?
- Was wird über die Arbeit bei informellen Gesprächen gesagt?

Aufschlussreich ist ein Blick auf die anerkannt wichtigen Themen, die ausschließlich informell behandelt werden. Meist wird es zwischen den formellen und informellen Kommunikationsbereichen thematische Schnittmengen geben. Eine spannungsreiche, u.U. bedenkliche Situation ergibt sich, wenn informelle und formelle Gespräche über die Arbeit durch völlig unterschiedliche Themen besetzt sind. Dann gibt es Tabubereiche, die auf Konflikte verweisen, die im Blick auf die Arbeitsleistung eines Teams und die Arbeitszufriedenheit der Mitarbeiterinnen gelöst werden müssen.

Kommunikationsstil

Beziehungen, ob konfliktträchtig, freundschaftlich, einseitig oder ob partnerschaftlich, bündnisartig, strategisch kalkuliert, werden definiert durch das, was man miteinander austauscht. Wie miteinander geredet wird, bestimmt noch stärker die Kommunikation bzw. die Beziehung zwischen den Mitarbeiterinnen. Der jeweilige Kommunikationsstil sichert bestimmte Rollen im Team. Umgekehrt

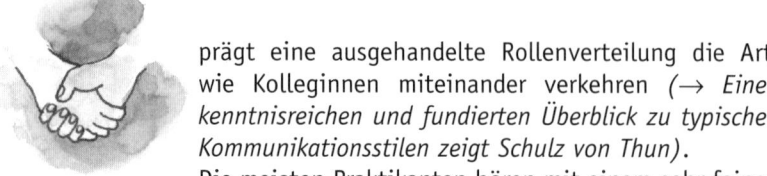

prägt eine ausgehandelte Rollenverteilung die Art, wie Kolleginnen miteinander verkehren *(→ Einen kenntnisreichen und fundierten Überblick zu typischen Kommunikationsstilen zeigt Schulz von Thun)*. Die meisten Praktikanten hören mit einem sehr feinen „Beziehungsohr" darauf, wie ihre Praktikumsanleiterin mit ihnen spricht. Werden sie von oben herab behandelt, belehrt, angeleitet, gar dirigiert oder fürsorglich belagert oder entsteht eine gleichwertig begründete Kommunikation?

Wahrscheinlich beschäftigen Sie ähnliche Fragen wie die Folgenden:

• Werde ich als fachliche Gesprächspartnerin ernst genommen und in meinem Streben anerkannt, mich pädagogisch-praktisch zu professionalisieren?

• Muss ich mich dagegen wehren bzw. mich zwingen lassen eine Rolle als Hilfskraft, Materialzuträgerin, Einkäuferin, Botin oder Spielassistentin zu übernehmen?

Manche negative Erfahrung aus der Vorpraktikantenzeit droht während der Ausbildung fortgeschrieben zu werden.

Kommunikation und Rolle

• Vergewissern Sie sich Ihrer Erwartungen: Welche Rollenzuschreibungen wollen Sie vermeiden? Wie wünschen Sie sich Ihre Rolle als Praktikantin?

• Welche bewussten Signale und welche ausdrücklichen Botschaften vermitteln Sie Ihrer Praktikumsanleiterin, um in der gewünschten Rolle akzeptiert zu werden?

Eine partnerschaftliche, am Ideal der Gleichwertigkeit orientierte Beziehung zwischen Praktikantin und Praktikumsanleiterin ist dann leichter zu verwirklichen, wenn beide Seiten vorrangig ihr Arbeitsinteresse zum Wohl der Kinder bekunden. Wenn beide wissen, dass keiner vorrangig Bescheid weiß, was für Kinder angemessen ist, entfällt der Zwang, sich einander beweisen zu müssen. Pädagogisches Sehen und Handeln bedarf eines immer wieder zu führenden Gesprächs über alternative Wahrnehmung, differente Beobachtung, fremde Einschätzung, Intuition und Handlungsideen.

Wer meint, seine „Pappenheimer" schon zu kennen, wer vorgibt, seine Kinder im Griff zu haben und zu wissen, was sie brauchen, zementiert seine Einsichten und sucht lediglich passende Beispiele für eine fixe Theorie. Wer mit seiner Sicht der erzieherischen Dinge und der Kinder zufrieden ist, der wird schwer zu einem gemeinsamen Erforschen, Befragen und Finden einer pädagogisch vernünftigen Praxis kommen.

Entwicklung einer dialogischen Beziehung

Eine Praktikumsanleiterin wird in der Regel erfahrener, sicherer und orientierter sein als eine Praktikantin. Zudem ist eine Praktikumsanleiterin während des Praktikums mitverantwortlich für Ihre Ausbildung. Und eine Praktikumsanleiterin hat eine umfassendere Verantwortung für die Kinder ihrer Gruppe als eine Praktikantin. Dieses „Mehr" oder „Voraus" verleiht einer Praktikumsanleiterin unumgänglich ein größeres Gewicht als der Kenntnisstand und die Erfahrungssicherheit der meisten Praktikantinnen. Das Ungleichgewicht in Erfahrenheit bzw. Professionalität muss jedoch nicht zwangsläufig in eine Über- und Unterordnung führen.

Dem „Mehr" an Erfahrungswissen einerseits, kann eine Praktikantin ein „Mehr" an Explorationsfähigkeit gegenüberstellen. Erfahrungswissen ist per se nicht innovativ, sondern kann auch beruhigend fraglose Routine überspielen. Explorationsfähigkeit wiederum ist nicht per se lehrreich, sondern kann schnell als sensationsheischende Neugier auf spektakuläre Vorfälle und Auffälligkeiten konzentriert bleiben. Werden Kompetenzvorsprünge wechselseitig von Praktikumsanleiterin und Praktikantin anerkannt, wird es einfacher, eine wirklich dialogische Beziehung zu entwickeln. Es wäre dann nicht mehr ein floskelhaftes Lippenbekenntnis, wenn beide Partner behaupten, voneinander lernen zu können.

Im gemeinsamen Suchen und Finden einer pädagogisch tragfähigen Praxis wird die Praktikantin einer unterwürfigen Anpassung enthoben. Die Praktikumsanleiterin meidet die zwanghafte Anstrengung, stets belehren und Bescheid wissen zu müssen.

Vereinnahmende Kommunikation

Manchmal ergibt sich für Praktikantinnen eine vereinnahmend wirkende Kommunikation. Beispielhaft ist dies einem Gespräch zwischen zwei Studierenden zu entnehmen:

Vicki: Wie bist du denn in der Einrichtung gelandet?

Sven: Och, ganz gut. Mit den Kindern ist es ganz o.k.!

Vicki: Mit den Kindern?

Sven: Ja, das macht Spaß. Als Mann hat man da seine Vorteile. Aber schwieriger ist es mit den Kolleginnen.

Vicki: Ach, du bist doch Hahn im Korb!?

Sven: Quatsch; ich meine das ernst. Das ist wie in einem Wespennest. Jede redet auf mich ein und versucht mich auf ihre Seite zu ziehen! Fast alle reden irgendwie mies übereinander.

Vicki: Und du wirst als Verbündeter gesucht?

Sven: Stimmt, als Verbündeter. Aber auch als bequemer Zuhörer, gezwungenermaßen. Jede Kollegin wünscht sich, dass ich brav nicke und ihr recht gebe, so wie sie die Sache sieht.

Vicki: Und du sitzt mitten drin und sollst Partei ergreifen; am ehesten für deine Praktikumsanleiterin – heikel, heikel.

Sven: Das kannst du laut sagen. Lustig ist das nicht. Also mit meiner Praktikumsanleiterin will ich solidarisch sein. Von der hänge ich doch am stärksten ab. Aber ich will mich nicht festlegen. Ich blicke da überhaupt nicht durch, was die für einen Ärger haben. Vordergründig regen sich einige über das Thema Qualitätssicherung auf, von wegen Eltern als Kunden behandeln, Dienstleistungsbetrieb und so. Andere mäkeln wieder über Vertraulichkeiten mit Eltern herum, die manche Erzieherinnen pflegen; ist halt im Dorf so. Und dann geht es wieder rund mit ungerechter Arbeitsbelastung. Ach, das ist vollkommen blöd, weil das ganze Gerede einen auch belastet und ich nicht weiß, wie ich mich da verhalten soll.

Sven ist in einem Team, wo Erzieherinnen kaum verdeckt Einfluss suchen. Sie wollen eine günstige Streitposition für Konflikte finden, die für den Praktikanten nur zu ahnen sind. Sven könnte zunächst versuchen, seine Lage besser zu verstehen. Vicki hilft ihm dabei ja sehr einfühlsam. Doch stellt Sven seine Interpretation der Situation im Mitarbeiterkreis noch nicht in Frage. Vielleicht könnte dazu die Mentorin in der schulischen Reflexionsgruppe ein supervisorisches Gespräch führen. Was aber würden Sie an Svens Stelle tun?

Übung

Beschreiben Sie die Erwartungen, denen sich Sven ausgesetzt sieht!
Beginnen Sie die Sätze mit folgender Wendung:
Sven denkt, dass Kollegin A von ihm erwartet, er solle ...
Welche Erwartungen erscheinen Sven geradezu zwingend?

Für Sven konkurrieren offenbar drei Ideen miteinander:

1. Er will in einem für ihn nicht durchschaubaren Konflikt keine Stellung beziehen, zumal er ohnehin nur wenige Wochen in der Einrichtung ist.

2. Sven deutet das von den Kolleginnen Gesagte als Aufforderung, ihr jeweiliger Bündnispartner für einen Konflikt im Team zu werden. Er hört auf seinem „Appellohr". „Beziehe Stellung für meine Sicht der Dinge!" *(vgl. Schulz v. Thun)*.

3. Sven möchte es sich mit keiner Erzieherin verderben, indem er ihre Erwartungen zurückweist; schon gar nicht will er die Beziehung zu seiner Praktikumsanleiterin gefährden.

Was aber ist für Sven sicher und gewiss? Ist nicht noch eine ganz andere Wahrnehmung der Situation denkbar?

- Sven könnte als verständnisvoller Zuhörer gebraucht sein, weil er sich nicht zu einem ihm fremden Konflikt verhalten muss.

- Sven könnte als beruhigender Partner gesucht sein, der die eigene Sicht der Dinge entdramatisiert.

- Sven könnte als kollegialer Berater angesprochen sein, der andere Interpretationen einbringen kann und zu einer veränderten Sicht der Dinge ermutigt.

- Sven könnte als Reflexionspartner dienen, um die eigenen Vorstellungen und Argumente im Konflikt zu prüfen.

Sven kann Vielerlei vermuten, in welcher Rolle er angesprochen ist oder was er meint, tun zu sollen. Was er jedoch braucht, um sich positiv verhalten zu können, ist Gewissheit. Er muss wissen, was Kolleginnen tatsächlich von ihm erwarten. Um nicht in seinen Vorstellungen, Fantasien und Gedankenspielen gefangen zu sein, kann Sven sich ermutigen. Er kann fragen, was der Fall ist und er kann

seine Befürchtungen gegenüber denjenigen Erzieherinnen aussprechen, die ihn in eine Zwickmühle zu
manövrieren scheinen. *(vgl. Schulz v. Thun, Bd. 1.)*
Klärend für alle heikel anmutenden Gespräche können
Fragen wirken wie:

- Was erwartest du von mir?
- Was denkst du, kann ich für dich tun?

Um sich aus der erlebten Zwickmühle zwischen Loyalität und
Selbstbehauptung befreien zu können, lohnt das Risiko, die eigenen
Gedanken zur Situation gegenüber den Kolleginnen zu benennen
(vgl. Schulz v. Thun Bd. 1, S. 75ff.) Sven könnte zu seiner Praktikumsanleiterin sagen:

*„Es hört sich vielleicht komisch an und mir ist sehr unwohl dabei –
nun, weil einerseits will ich mich zu dir loyal verhalten. Ich denke, du
willst von mir in deiner Auffassung unterstützt werden. Andererseits
weiß ich nicht, ob das so richtig ist, also ohne dass ich jemand anderen im Team verletze. Ich durchschaue gar nicht, was sich alles zwischen euch abspielt. Ich kann nicht Partei ergreifen und ich will nie-
manden mit Parteilichkeit kränken. Welche Möglichkeit siehst du denn
für mich?"*

Wenn deutlich angesprochen ist, wie man etwas erlebt hat und
empfindet, kann in den meisten Fällen klarer über den konflikt-
trächtigen Sachverhalt gesprochen werden.

Wenn man sich gar nicht mehr versteht

Es kann vorkommen, dass die Kommunikation zwischen Praktikantin und Praktikumsanleiterin so gestört ist, dass andauernde
„Missverständnisse" eine erträgliche Zusammenarbeit unmöglich
machen. Wenn also nichts mehr geht, wie können Sie dann vorgehen?
Zunächst könnten Sie einvernehmlich mit Ihrer Praktikumsanleiterin
um eine Klärungshilfe suchen. Verschiedene Personen können sich
für diese Aufgabe anbieten:

- eine Kollegin, der Sie und Ihre Praktikumsanleiterin zutrauen, in
  sachlicher Distanz mit ihnen beiden über missglückte Kommunikation zu sprechen.

- die Leiterin oder Ihre Mentorin. Lehrer können sich erfolgversprechend jedoch nur einschalten, wenn es beidseitig eine ungezwungene Zustimmung für eine Klärungshilfe gibt.

Scheitern alle Verständigungsversuche und Vermittlungsbemühungen, ist in beiderseitigem Interesse ein Wechsel der Praktikumsstelle zu prüfen bzw. vorzunehmen. Die konkreten Regelungen sollten vor Beginn des Praktikums in der Klasse besprochen werden.

Den Arbeitsplatz erkunden

Kapitel 5

Wozu die Hospitation einer Lehrerin gut sein kann

Zunächst können Sie in diesem Kapitel warmherzig daran Anteil nehmen, wie sich eine Praktikantin mit der Hospitation ihrer Mentorin auseinandersetzt.

Aus ihren Bologneser Vorlesungen stellte Professoressa Dotti eine Polemik zur Verfügung: Über deutsche Erzieherlehrproben! Wir haben uns entschieden, Signora Dottis recht einseitige Darstellung ausschnittweise zu veröffentlichen. Es sollte Ihnen aus eigener Erfahrung möglich sein, dem temperamentvollen Text kühlere Schlüsse folgen zu lassen.

Es folgt die Vorstellung eines vielerorts schon erprobten Verfahrens, wie bei einer Hospitation reale Handlungskompetenzen von Praktikantinnen gewürdigt werden können. Die Kenntnis dieser Vorgehensweise soll Ihnen erlauben, Hospitation und Reflexionsgespräch mit der Mentorin konstruktiv zu beeinflussen.

Das Kapitel beschließt eine begriffliche Umschreibung pädagogischer Professionalität, gedacht zur kritischen Aufarbeitung Ihres praktischen Berufsrollenverständnisses.

Mentores ante portas!

Schon in antiker Zeit gellte der Schreckensruf von den Mauern der Stadt Rom: „Die Mentoren stehen vor den Türen!" Sie kennen das aufregende Kribbeln, das leidvolle Stöhnen und Jammern, wenn der Telefonanruf der Mentorin Sie erreicht. Welche Befürchtungen, Fantasien, vielleicht auch Hoffnungen verbinden Sie mit der verharmlosenden Ankündigung einer Lehrerin: „Nächste Woche will ich Sie besuchen!"

Anne verarbeitet Ihre Aufgeregtheit in bewährter Weise durch Ihre Tagebuchaufzeichnungen:

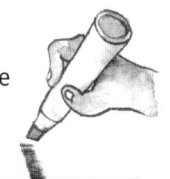

Aus Annes Tagebuch

Sie kommt unausweichlich. Morgen ist es soweit. Sie wird mich beobachten, sich Notizen machen. Sie wird mich befragen und mich kritisieren. Und wenn sie schlecht gelaunt ist, wenn mir nichts einfällt, wenn die Kinder nicht mitmachen oder mir weglaufen, wird sie mich dann fertig machen, oder honigsüß erklären, was ich noch alles zu lernen habe?

Gäbe es doch ein Mittelchen, ein Zauberwort. Ach, wäre doch schon übermorgen.

Lisa hat es schon hinter sich: „Halb so schlimm!" – Das sagte sie natürlich nachher. „Du weißt doch, was du kannst!" – Klar weiß ich das, aber gibt mir das Sicherheit, Gelassenheit?

„Aufregung gehört dazu. Das gibt die notwendige Spannung und ist konzentrationsfördernd!" (Spruch von der Strobel; wiederholt sie vor jeder Arbeit)

Gut, wir haben im Unterricht Kriterien entwickelt, worauf es bei Strobels Hospitation ankommen wird.

Gut, ich habe mich gefragt, was ich kann. Ich habe überlegt, was ich will und mir aufgeschrieben, was ich tun werde.

Gut, ich habe mir vorgenommen, mich von der Strobel nicht nur befragen zu lassen. Das bringt einen nur unter Rechtfertigungsdruck. Also: Auf Augenhöhe mit ihr reden! Nicht von unten zu ihr hinauf, nicht mit dem hilflos scheuen Dackelblick, aber auch nicht mit einer schmerzlich geballten Faust unter dem Tisch.

Rechenschaft muss ich schon ablegen über mein Tun, Auskunft geben zudem. Letztlich beurteilt sie mich, meine Fähigkeiten, und wird dann eine Note geben.

Wie kann ich das Gespräch beeinflussen?

Fragen, fragen, fragen! Ich will sie fragen, ob meine Ziele utopisch sind und wie ich meine Vorstellungen realistischer formulieren kann. Ich will fragen, wie etwas besser gemacht werden kann, worauf ich sinnvoller Weise genauer achten sollte. Ich will fragen, was ihrer Meinung nach in Ordnung war, den Kindern Freude gemacht hat und sie zum Lernen angeregt haben kann.

Ich könnte es so versuchen:
„Was würden Sie an meiner Stelle machen?"
„Kennen Sie die Unsicherheit, wenn ... passiert?"
„Haben Sie Erfahrungen damit, wie man das Problem ... lösen kann?"
Gut, ich weiß dass morgen keine weiße Fee kommen wird, sondern die Strobel!
Gut, gut, gut: ich werde morgen aufgeregter sein als sonst und doch das tun, was ich mir vorgenommen habe. Ich will und werde mich bei den Kindern fast so verhalten wie jeden Tag – fast!

Übung

• Wie stimmen Sie sich auf die Hospitation Ihrer Mentorin ein? Benennen Sie Ihre Befürchtungen!
• Was wollen Sie Ihrer Mentorin zeigen und was werden Sie sie fragen?

Was aus „geplanten Angeboten" zu lernen ist

Unsere bekannte italienische Kollegin, Signora Dotti, wendet sich in ihren Vorlesungen äußerst kritisch, ja polemisch gegen ein Ausbildungselement während des Praktikums: das so genannte geplante Angebot. Sie vergleicht die Lehrern vorgeführten Spielangebote oder Aktionen von Kindern mit Lehrproben, wie sie Lehramtsanwärter ablegen müssen. Die Professoressa vermisst bei den teutonischen Demonstrationen einen realistischen praktischen Kompetenznachweis. Lesen Sie eine Übersetzung aus einem dramatischen Tonbandmitschnitt:

Es gibt deutsche Länder in Germania, wo von Praktikantinnen ein praktischer Kompetenznachweis in einer außergewöhnlichen Situation gefordert wird. Während der Hospitation eines Mentors ist ein „Angebot" zu präsentieren. Als „Klassiker" unter den Angeboten üben Praktikantinnen z.B. eine BBB, das ist eine Bilderbuchbetrachtung. Andere führen Turnübungen vor, leiten kleine Singspiele an. Wieder andere stellen Rohkostplatten zusammen oder schnetzeln mit reiferen Kindern Obstsalat. Als intellektuelle Variante kennt man nachgestellte Piagetsche Experimente. Kinder werden z.B. bei Backvorbereitungen angelei-

tet, mit verschiedenen Messbechern zu hantieren. Sie vergleichen Abfüllhöhen und zeigen Verblüffung über den Erhalt von Mehlmengen in unterschiedlichen Gefäßen.
Ich frage Sie: Wem dient die Planung einer solchen Demonstration?
Begreifen Sie: Ein geplantes Angebot muss pädagogisch erfolgreich sein. Der Erfolg der Übung soll der hospitierenden Lehrkraft unmittelbar einleuchten. Professionell auf der Höhe ist man mit einem Fünf-Punkte-Programm. Eine spottlustige Studentin aus Wanne-Eikel teilte mir die Schritte mit:

1. Filigran planen
2. grazil und punktgenau handeln
3. methodisch versiert glänzen
4. medial verblüffen und
5. reflektorisch brillieren.

Und wie mir meine Interviewpartnerin versicherte: „Es darf nichts schief gehen. Und damit nichts schief geht, ist eine verbindliche Lernsituation gewünscht. Wir bereiten uns auf ein Gespräch mit einem Mentor vor, indem wir häufig das Wort „konkret" benutzen und beiläufig den Begriff „Operationalisierung" verwenden. In mehrtägigen Probeläufen trainieren wir eine empathisch geschickte Durchführung des fixierten Ablaufs. Zum finalen Show Down gehört dann noch eine verwegene Selbstkritik."
Sie ahnen, nein, Sie riechen meine Damen und Herren, was in Deutschland Angstschweiß genannt wird.
Denken Sie darüber nach, was Ihre deutschen Kommilitonen lernen! Worin liefern sie einen Beweis ihres Könnens? Welche praktischen Fähigkeiten werden von ihnen gefordert? Geht es bei der kleinen Lehrprobe für Erzieher um eine Übung für die Praxis, für die Praktikantin, für den Mentor? Oder handelt es sich gar um ein Initiationsritual?

Wir blenden uns hier diskret aus dem Tonbandmitschnitt aus und nehmen die Praxis des „geplanten Angebots", wie es in einigen Bundesländern noch üblich ist, genauer unter die Lupe. Welche Einwände lassen sich gegen diese Form eines Leistungsnachweises vortragen? Welche Argumente sprechen für eine außerordentliche und geplante Aktion?
Kritiker der lehrprobenähnlich vorgeführten „geplanten Angebote" bemängeln ...

- ... die zu kurze Zeit, die Praktikantinnen bleibt, Bedürfnisse von Kindern zu erfassen oder kompensatorische Ideen für die Verbesserung von Entwicklungsrückständen zu finden.
- ... das Unterlaufen einer an den realen Bedingungen und an Kindern orientierten Planung:
  Praktikanten greifen weitergereichte Ideen früherer Ausbildungsjahrgänge auf,
  schreiben pädagogische Begründungen und psychologische Erklärungen aus Lehrbüchern ab,
  Kinder werden meist gar nicht oder nur unzulänglich in die Planung von Spielideen sowie Aktionen miteinbezogen,
  der Rahmen für eine Demonstration praktischen Könnens wirkt oft zwanghaft; die Aufgabenstellung verlockt zu spektakulären Aktionen,
- die punktuelle Leistungsdarbietung lässt reale Kompetenzen von Praktikanten kaum oder nur verzerrt erscheinen;
- die Benotung eines „geplanten Angebots" verhindert ein reflexivberatendes Gespräch, lockt eher zu taktierendem Verhalten von Praktikantinnen und gesteigerten Rechtfertigungsversuchen.
- Die Kommunikation ist von beiden Seiten schnell verengt: Eine Praktikantin will und muss gut dastehen; also versucht sie, Schwächen, Fehlentscheidungen und Unzulänglichkeiten dem beobachtenden Auge des Mentors zu verbergen;
- Ein Mentor will und muss überzeugend beurteilen und neigt leicht dazu, möglichst eindeutige Merkmale zur Begutachtung des Praktikantenhandelns anzuwenden. Es besteht für ihn die Gefahr einer vorwiegend defizitären, komplexitätsreduzierenden Wahrnehmung, die nur das registriert, was in sein Beurteilungsraster passt.

Vorteile „geplanter Angebote":
- Pädagogisches Handeln darf nicht allein in beiläufigen Reaktionen und alltäglichen Handlungsvollzügen aufgehen. Die erzieherischen bzw. pädagogischen Ansprüche nach dem KJHG erfordern auch gezielte, methodisch durchdachte Aktionen, um Kindern zu helfen, sie in ihrer Entwicklung, in ihrem Wissen und Können zu fördern. Mit einem „geplanten Angebot" können Praktikanten besondere pädagogische Impulse und Anregungen für Kinder üben;

- „Geplante Angebote" stiften im Fluss alltäglichen Handelns „Hoch-Zeiten" bzw. Höhepunkte, die zu nachhaltig bereichernden Erlebnissen führen und eine Öffnung für neue Erfahrungen bewirken können;
- „Geplante Angebote" leiten Kinder in einen komplexen und reichhaltigen Lernzusammenhang. Die Vielfalt kindlicher Kompetenzen wird angesprochen, Aufgaben und Probleme zu lösen, Situationen zu bewältigen bzw. in einer erträglichen Weise aushalten zu können;
- „Geplante Angebote" verlangen eine zeitintensive Planung und Vorbereitung. Das ermöglicht ein durchdachtes methodisches Vorgehen. Im Gegensatz zum alltäglichen Zwang zu schneller Entscheidung und Reaktion, können Wirkungen und Folgen von Details berücksichtigt werden *(z.B. Sitzordnung, Raumumgebung, Lichtverhältnisse, Formulierung von Fragen und Impulsen usf.)*;
- „Geplante Angebote" verlangsamen mit ihrem Planungsbedarf den eigenen Handlungsdrang; sie können gedankliche Spielräume öffnen für Handlungsalternativen.
- Die Aufgabe, inhaltliche Entscheidungen, Handlungsschritte, Absichten und mediale Möglichkeiten zu begründen, übt die Argumentationsfähigkeit und die Vermittlungskompetenz von Praktikantinnen.

Pädagogisches Alltagshandeln wertschätzen

Die Hospitation einer Mentorin soll, neben der Einschätzung von Handlungskompetenzen, der Praktikantin auch helfen, die nächsten Schritte ihrer beruflich-fachlichen Entwicklung zu erkennen. Eine defensive, wehleidig-nörgelnde oder eine rebellische Haltung gegenüber der zugemuteten Demonstration praktischer Handlungsfähigkeit und gegenüber einer mit Noten ausgedrückten Begutachtung kann Chancen vergeben. Nachzudenken wäre über Ihre grundsätzliche Einstellung zur Planung.
Was assoziieren Sie mit dem Begriff „Planung"?

Prüfen Sie, welchen Auffassungen bzw. Voraussetzungen Sie am ehesten zustimmen können:

- Planung verlangt strengste Beachtung der festgelegten Ziele, Entscheidungen und der methodischen Schritte. Planung fixiert mich auf einen ausgedachten Handlungsablauf und führt zur Missachtung des lebendigen Zusammenspiels mit Kindern; kurz: Planung ist getötete Praxis!
- Planung wird zu einem Gefängnis, in dem man sich eben nur unfrei und zwanghaft kontrolliert bewegen kann.
- Planung kann überraschende Wendungen während eines Spielangebots, Zufälle oder querschießende Einfälle nicht vorweg erfassen. Die Lebenswirklichkeit von Kindern ist zu vielschichtig, als dass sie begriffen werden könnte. Die Lebendigkeit von Kindern wird beeinträchtigt, wenn dem Handlungsablauf planmäßig gefolgt wird.
- Planung schafft eine ungewollte Distanz zu Kindern, macht Kinder zum Objekt meines Denkens und Handelns. Es besteht die Gefahr, Kinder so zu manipulieren, dass sie nach Plan funktionieren.
- Planung spiegelt eine Pseudorationalität gegenüber dem Handeln wieder. Gelingendes pädagogisches Handeln aber speist sich aus kreativer Intuition, Einfühlungsvermögen, mitlaufender Sympathie.

Mit welcher Stellungnahme zur „Planung" ist Ihnen aus dem Herzen gesprochen? Wenn Sie sich nicht nur bestätigt wissen wollen, wenn Sie sich nicht eigener Planungsunlust überlassen wollen, ist es nützlich, mit Ihrer Praktikumsanleiterin die möglichen Vorteile von Planung zu erörtern. Um eine positive Einstellung zur Planung finden zu können, prüfen Sie folgende Behauptungen:

- Planung bewirkt eine geordnete Wahrnehmung, eine Übersicht über komplexe Situationen und ein durchdachtes Handeln im Strom zahlreicher Impulse.
- Planung ist eine Bedingung der Möglichkeit, flexibel zu handeln und einfallsreich zu improvisieren.
- Planung macht Sie für Kinder berechenbar und vermittelt den Kindern einen Eindruck von Zuverlässigkeit.
- Planung zieht anspruchsvolles Handeln nach sich und weckt die besseren Möglichkeiten Ihrer Handlungskompetenzen.

Mit der Nachahmung einer Lehrprobe entsteht die Gefahr eines gequälten Rechtfertigungsrituals für beruflich-fachliche Kompetenzen. So wird eine Chance vergeben, dem erzieherischen Arbeitsfeld und sozialpädagogischen Arbeitsweisen gerecht zu werden. Wie Praktikantinnen alltägliche und typische Erziehungsaufgaben bewältigen, erschließt oft direkter deren schon entwickelte und die noch zu entwickelnden pädagogischen Kompetenzen. Wenn eine Mentorin sich eine Stunde in der Kindergruppe beiläufig beobachtend aufhält, kann sie beispielsweise wahrnehmen, …

* wie die Praktikantin auf eintreffende Kinder eingeht,
* wie die Praktikantin ein Kind zum Spielen ermuntert oder ein anderes zum Erzählen von Erlebnissen anregt,
* wie die Praktikantin sich gegenüber streitenden Kindern verhält, wie sie Kinder ermahnt, keine Puppen von der Hochebene zu werfen oder bei impulsiven Forderungen von Kindern ausweicht u.a.m.

Es kann aufschlussreich sein, wenn die Praktikantin mit Kindern überlegt, was für den Ausflug zu den Fischteichen mitgenommen werden soll oder dabei zuzuschauen, wie eine Praktikantin mit Kindern Blumen gießt, das Aquarium reinigt oder Materialien ordnet, kurz, wenn man die Praktikantin im Strom der alltäglichen und nachhaltig wirkenden Handlungsweisen erfährt.
Der weitaus größte Teil erzieherischen Handelns besteht ja nicht aus explizit geplanten Angeboten, sondern aus fast beiläufigen, wiederkehrenden kleinen Handlungen.

* Gerda hat sich gestoßen. Sie braucht einen Moment Aufmerksamkeit und tröstenden Zuspruch.
* Felix ist der Spielzeuglaster entrissen worden. Er ist empört über die gewalttätige Ungerechtigkeit, mit der Frank sich durchsetzt. Felix erwartet Verständnis und Hilfe von der Erzieherin.
* Ellen braucht eine Schere; Kathrin will eine Katze zeichnen, weiß aber nicht wie; die letzten Kinder am Frühstückstisch sollen ihre Teller und Becher wegräumen usf.

Als Praktikantin müssen Sie sich recht schnell darauf einstellen und situativ entscheiden, ob Sie Kindern zuhören, sie ermahnen, trösten, ihr Denken anregen. Sie lernen ausdrücklich darauf einzugehen, wie Kinder eine gerechte Konfliktlösung finden können, wie eine brauchbare Klebeverbindung hergestellt werden kann, ob die Pokemons auch sterben u.v.a.m.

Pädagogisches Können zeigt sich vornehmlich in alltäglichen Handlungsweisen. Alltägliche Handlungsweisen bilden den Hauptstrom Ihres erzieherischen Könnens. Zumal in einem kurzen Blockpraktikum ist es sinnvoll, diesen Handlungsweisen besondere Aufmerksamkeit zu widmen. Wir werden hier überlegen, wie Sie sich auf Hospitationen einstellen können, in deren Mittelpunkt Ihr alltägliches erzieherisches Verhalten steht.

Mentoren, die auf alltägliche Verhaltensweisen achten, beobachten beispielsweise, wie Sie Kontakt zu Kindern aufnehmen und von welcher Art Ihre Beziehungen zu Kindern sind. Der Blick eines Mentors wird dabei von folgenden Fragen gelenkt:

- Wie erledigen Sie beiläufige, kleine Hilfestellungen für Kinder?
- Wie begleiten Sie beobachtend Kinder bei ihren Streitereien und Konflikten?
- Wie begrüßen Sie Kinder, wenn sie in die Gruppe kommen?
- Wie fragen Sie Kinder, um deren Anliegen zu verstehen und in welcher Weise können Sie ihnen zuhören?

Sie müssen sich vergegenwärtigen, welche Eindrücke Sie vermitteln, wenn ein Mentor erlebt, ...

... dass Sie ausdauernd auf einem Stuhl sitzend lediglich eine kontrollierende und dirigierende Übersicht im Gruppenraum suchen;

... dass Sie an einer Spielvorlage wie an einem Klemmbrett hängen,

... wie Sie Kinder beim Abzählen von Markierungen unterstützen und beim Verlust von Spielpositionen Zornesausbrüche beschwichtigen;

... dass Sie ausschließlich haushälterisch oder raumpflegerisch tätig sind, Teebecher stapeln oder Essensreste entsorgen.

Übung

Welche Eindrücke wollen Sie Ihrem Mentor von Ihrem alltäglichen Tun vermitteln?

Legen Sie für sich fest, was Sie üblicherweise im Zeitraum der anstehenden Hospitation tun.

Erfassen Sie Ihr Handeln mit einer Liste von Tätigkeitswörtern. Unterscheiden Sie Handlungsweisen, bei denen Sie sich recht sicher fühlen von solchen, die Ihnen eher unbequem sind bzw. die Sie lieber Ihrer Praktikumsanleiterin überlassen.

Mit der ersten Gruppe von Handlungsweisen können Sie sich stärken: Sie sehen, Sie sind in vielen Bereichen schon kompetent. In manchen der aufgelisteten Tätigkeiten werden Sie sich im Blick auf pädagogische Zielsetzungen noch verbessern können. Mit der zweiten Gruppe von Handlungsweisen gewinnen Sie eine konkrete Richtung für Ihre weitere pädagogisch-praktische Entwicklung. Alltägliche Handlungsweisen, die Sie eher vermeiden, beschreiben berufliche Herausforderungen, an denen Sie wachsen können. Die zweite Gruppe von Tätigkeitswörtern liefert Ihnen Stoff für Beratungsgespräche mit Ihrer Praktikumsanleiterin. Wünschenswert wäre Ihre Bereitschaft hierzu auch mit der Mentorin zu sprechen (→ *vgl. Gruschka, Schomacher u.a., Berlin 1995; 1998)*.

Sie beeindrucken die Mentorin nachhaltig mit eigenen Vorstellungen darüber, welche Fähigkeiten Sie noch weiter entwickeln müssen. Sagen Sie, welche Verhaltensweisen Ihnen selbst noch als problematisch erscheinen und wo Sie Verbesserungsmöglichkeiten suchen.

Die Erwartungen eines Mentors berücksichtigen

Ein Mentor, der sich auf Ihre alltäglichen Verhaltensweisen konzentriert, will Sie in vielfältigen Aktionen und Situationen sehen. Im Gespräch das der Hospitation folgt, will er meist verstehen, ...
* was Sie im Fluss der Ereignisse wahrnehmen und worauf sich Ihre Beobachtungsfähigkeit richtet;
* welche Erklärungsfähigkeit bezüglich der Vorfälle in der Gruppe und Eindrücke von Kindern Sie besitzen;
* inwieweit Sie praktische Einfälle zu pädagogisch begründeten Handlungsideen entwickeln können.

Damit Sie hier nicht irgendwie mutmaßen müssen, worauf es einem Mentor bei der Hospitation ankommt, ist es klug vorab zu erfragen:
* Was sind die Ziele der Hospitation?
* Was soll beobachtet werden?
* Welche Kriterien spielen bei der Beobachtung eine Rolle?
* Worüber soll und kann das anschließende Gespräch geführt werden?

Vorbereitung von Hospitation und Reflexion

Sie können mit dem Mentor vorab eine Vereinbarung treffen. Die Hospitation soll eine Art Zwischenbilanz Ihrer beruflich-fachlichen Kompetenzen sein. Durch diese Bestimmung vergegenwärtigen Sie das Praktikum als Lernsituation. Hierbei sollte Platz sein für Ihre Fragen und Ihr Problembewusstsein. Außerdem sollte die Gelegenheit genutzt werden über Ihre Fähigkeiten und Ihre eigene Kompetenzentwicklung zu sprechen.

Vor einer Hospitation können Sie Ideen entwickeln, was Sie einem Mentor von den alltäglichen Anforderungen zeigen wollen. Sie sollten entscheiden, über welche Fragen Sie nachdenken wollen. Überlassen Sie die inhaltliche Reflexion nicht allein den Einfällen des Mentors oder Ihrer Praktikumsanleiterin. Sie selbst sind nicht nur mitverantwortlich für Ihre Ausbildung. Sie sind unhintergehbar Expertin für Ihre beruflich-fachliche Entwicklung. Wer denn sonst als Sie kann besser benennen, was Ihnen schon gelingt und womit Sie sich schwer tun, an welchen Herausforderungen Sie „knabbern"? Bringen Sie diese Kompetenz ein.

Voraussetzungen für eine Reflexion

Aus der Differenz zwischen Ihrer Selbsteinschätzung und der Fremdeinschätzung durch den Mentor kann sich ein produktives Gespräch entwickeln, ...

... wenn der Mentor auf festschreibende Bestimmungen verzichtet *(Sie haben hier unpädagogisch gehandelt. Es ist falsch, Kinder die Regeln für das Zusammenleben immer wieder selbst erfinden zu lassen. Sie vertreten die Regeln. Das müssen Sie als Erzieherin können!);*

... wenn Sie eine Rechtfertigung Ihres Verhaltens vermeiden *(... weil ich gedacht habe, wenn ich selbst ein Kuscheltier mitbringe, wird das die Kinder eher motivieren auf mich zuzugehen. Ich konnte doch nicht wissen, dass es gleich zum Streit kommt, wer meine Carlo-Maus haben darf.);*

... wenn Sie beide nach Gründen dafür forschen, was sich offensichtlich praktisch bewährt oder welches Handeln als nicht tragfähig erscheint *(Warum war es Ihrer Meinung nach gut, dass Sie Achmed aufgefordert haben, das Wort Zahnbürste auf Deutsch zu wiederholen? Was wäre, wenn Sie ihn bitten würden Ihnen das türkische Wort für Zahnbürste zu nennen und Sie es nachsprächen? Wir können auch*

überlegen, ob es sinnvoll ist, wenn Sie als Praktikantin nach dem
Frühstücken mit den Kindern zusammen die Zähne zu putzen!)
... wenn Sie beide prüfen, welche Qualität Ihre kommunikative
Kompetenz bereits erreicht hat.

Der Beitrag von Annes Mentorin, Frau Strobel verdeutlicht das:

Frau Strobel reflektiert

Wenn ich unser Gespräch Revue passieren lasse, fällt mir auf, dass
sie sehr genau, mit passenden Begriffen beschreiben können, was
Sie sehen, was sich zwischen den Kindern abspielt. Sie berichten
nicht anekdotisch und nicht sprunghaft, sondern bleiben dran am
*Fall, **benennen** die Probleme präzise. Hier zeigen Sie eine hohe*
Kompetenz.

Weniger entwickelt scheint mir bislang Ihre Fähigkeit, etwas zu
***erklären**. Sie können zwar immer wieder einen Ursache-Wirkungs-*
Zusammenhang darstellen. Wenn ich Sie weiter befragte, fanden
Sie auch zu alternativen Erklärungen. Wünschenswert wäre jedoch
eine vielschichtigere Sicht; d.h. Sie sollten üben, einen Konflikt
aus den Perspektiven aller Beteiligten zu verstehen, um von daher
Erklärungsansätze zu finden. Eine klare fachspezifische Sicht
kann Ihnen helfen, verschiedene Erklärungen für das, was pas-
siert, zu konstruieren.

In gleicher Weise müssten Sie noch mehr Sicherheit in Ihrem
*pädagogischen **Urteil** entwickeln. Sie könnten prüfen, inwieweit*
die Normen, die Ihnen wichtig sind (wie Rücksichtnahme und
Sinn für Ordnung) in der besprochenen Situation Ihren pädagogi-
schen Zielen entsprechen! Was dient dem Wohl eines Kindes, des-
sen Selbstständigkeitsstreben Sie unterstützen wollen? Die Fähig-
keit zum Urteilen und zum Erklären sind zufriedenstellend. Mit
Ihren geistigen Fähigkeiten könnten Sie aber noch ein höheres
Niveau erreichen.

Sehr gut gefallen hat mir Ihr Ideenreichtum. Sie sind sehr ein-
*fallsreich und mit Ihren **Handlungsvorstellungen** realistisch.*
Vor allem konnten Sie mir Ihre Vorstellungen und Einfälle
*anschaulich und klar **vermitteln**. Ihre Vermittlungskompetenz,*
wie Ihre Fähigkeit, angemessene Handlungsideen zu entwickeln
sind meiner Einschätzung nach sehr gut entfaltet.

Die Beurteilung von Annes Leistungen durch Frau Strobel folgt einer Idee. Sie schätzt die wichtige kommunikative Kompetenz über fünf Teilkompetenzen ein. In Kenntnis Ihrer eigenen Fähigkeiten können Sie selbst zu einer Einschätzung kommen, indem Sie die nachstehenden fünf Fragen beantworten.

Reflexionsfragen zu Ihrer pädagogisch-praktischen Orientierung

(→ vgl. Gruschka 1983 und Schlicht 1997):
Inwieweit können Sie Ereignisse, Vorfälle usw. geordnet benennen bzw. strukturiert darstellen?
Inwieweit können Sie erzieherische Sachverhalte erklären?
Inwieweit können Sie erziehungsrelevante Vorkommnisse pädagogisch beurteilen und bewerten?
Inwieweit können Sie aufgrund Ihrer „analytisch-diagnostischen Kompetenz" realistische, pädagogische Handlungsideen entwickeln?
Inwieweit gelingt es Ihnen, Ihre pädagogischen Ideen und Vorstellungen anderen zu vermitteln?
Ihre Einschätzung könnten Sie sowohl mit Ihrer Praktikumsanleiterin als auch mit Ihrem Mentor erörtern.

Professionell handeln

Wenn Sie hier im Text, wie wohl auch immer wieder während Ihrer schulischen Ausbildung auf eine anzustrebende berufliche Professionalität hingewiesen werden, reagieren Sie u.U. unwillig. Sie mögen Kinder und suchen ihnen hilfreich nahe zu kommen. Professionalität jedoch mutet Ihnen eine Distanz zu Kindern zu. Pädagogisch überlegtes Handeln als ein Indiz für Professionalität verlangt nüchternes Nachdenken und kritische Selbsteinschätzung; ein Vorgang, ein Verhalten, das dem Wunsch nach intensivem Verstehen, harmonischem Übereinkommen mit Kindern, spontan improvisiertem Tun entgegenzustehen scheint.
Alle Übungen, methodischen Diskussionen, Reflexionen und Planungsaufgaben verlangen Ihnen immer wieder Selbstdisziplin und Selbstkontrolle ab. Ein Praktikum mit Hospitation und Reflexionsaufgabe spitzt diese Zumutung exemplarisch zu.

Einfach mit Kindern zusammen zu sein, deren Freude und Vitalität zu teilen, spontan und spielerisch Impulse und Hilfestellung zu geben, all das ist Ihnen nicht mehr ohne Weiteres gestattet. Was Sie tun, steht unter einem pädagogischen Vorbehalt: In welcher Weise dient Ihr Handeln dem Wohl eines Kindes, gegenwärtig wie zukünftig? Natürlich wissen Sie: Hierzu gibt es keine endgültige oder eindeutige Antwort. Sie werden lernen, dass „Erziehung eine schmuddelige Sache" ist *(nach H. v. Hentig)*. Es gibt kein pädagogisch ungebrochenes Richtig oder Falsch.

Mit dieser Einsicht lässt sich einerseits resignativ umgehen: Es scheint letztlich nicht mehr wichtig zu sein, wie und was man mit Kindern macht! Andererseits können Sie den Anspruch Ihrer Erziehungsaufgabe auch professionalisieren; d.h. Sie können lernen, zwiespältige Entscheidungen auszuhalten und selbstkritisch das eigene Handeln zu begleiten. Sie können sich methodisch darin üben, praktisch sowohl das spielerisch gegenwärtige „Glück des Augenblicks" zu schützen als auch die spielerisch vorweggenommene Zukunft von Kindern zu sichern.

Professionelles Handeln ist nicht perfektionistisch

Diese knappen Bemerkungen umreißen eine Perspektive für die Entwicklung beruflich-fachlicher Professionalität. Verwechseln Sie jedoch Professionalität in der Erzieherausbildung nicht mit verbissenem Streben nach Perfektionismus. Dieses Motiv wäre schädlich für ein pädagogisches Verhältnis. Pädagogisch-praktische Professionalität meint nicht fehlerfreies Handeln, sondern die Sicherung einer Handlungsfähigkeit unter Rücksicht auf

- fehlerhafte Entscheidungen,
- unzureichend geleistete Unterstützung für Kinder,
- mangelhaftes Gegenwirken gegen schädliche Einflüsse auf Kinder und deren selbstgefährdende Absichten
- und Beachtung unzulänglicher Betreuung *(→ vgl. A. Flitner)*.

Professionelles Handeln entwickelt sich durch kommunikative Kompetenz

Ein Mehr an pädagogisch-praktischer Professionalität ist abzulesen an einer qualitativen Verbesserung der schon genannten fünf Teilleistungen kommunikativer Kompetenz:

1. einem umsichtigen, komplexen und zugleich differenzierenden Blick für aktuelle Situationen und deren strukturelle Momente *(ordnendes Benennen)*;
2. ein variantenreiches und vielschichtiges Erklärungsvermögen;
3. eine spannungsreiche, aber ausbalancierte Werteorientierung mit klarem Urteilsvermögen;
4. einfalls- und abwechslungsreiche mediale Ideen, geübte methodische Vielfalt, die in zunehmend komplexere Handlungsideen münden;
5. eindeutiges und taktvolles, verschiedene Perspektiven, Interessen und Motive berücksichtigendes Vermittlungsgeschick.

Eine Verbesserung Ihrer Fähigkeiten erreichen Sie langfristig gerade dadurch, dass Sie diejenigen alltäglichen Handlungsweisen, die Ihnen noch nicht geläufig sind, üben. Sie professionalisieren sich durch eine begleitende kritische Reflexion, sei es mit Ihrer Praktikumsanleiterin oder mit anderen Kolleginnen. Die Zeit, die solche Reflexionsgespräche kostet, lohnt sich langfristig, sie kann ein stimmigeres Zusammenwirken mit Kolleginnen und eine begründete berufliche Zufriedenheit fördern.

Pädagogische Professionalität bewährt sich nicht in demonstrativem oder borniertem Bescheidwissen über Erziehungssituationen. Ein Profi muss nicht den Alleskönner mimen *(→ vgl. Schulz v. Thun, S.13ff.)*

Professionell ist eine Erzieherin, wenn sie methodisch gesicherte Zugänge zu pädagogisch relevanten Situationen beherrscht. Sie ist dann kompetent, wenn sie weiß, wie ihr Wissen zustande kommt und dass ihr Wissen durchweg fragwürdig, d.h. befragenswert bleibt. Wenn Sie in dieser Weise klug werden, verstehen Sie das dem großen griechischen Philosophen Sokrates zugeschriebene Diktum: Ich weiß, dass ich nichts weiß!

Kapitel 6

Wie Sie mit Ihrer Praktikumsanleiterin eine Arbeitsbeziehung entwickeln

Die Praktikumsanleiterin ist die wichtigste Bezugsperson für alle Belange, Fragen und Probleme, die sich aus Ihrer Mitarbeit in einer Einrichtung ergeben. Erzieherinnen, die Praktikanten anleiten, sind durch unterschiedliche Motive auf diese Arbeit eingestimmt. Sie sehen Praktikanten verschiedenartig und haben von ihnen ganz eigene Vorstellungen. Nicht immer passt da zusammen, was zusammen gehört.

So gilt in diesem Abschnitt ein erster Blick typischen Wahrnehmungsprofilen von Praktikumsanleiterinnen.
Es wird dann zu überlegen sein, von welcher Art Ihre Beziehung zur Anleiterin bestimmt sein sollte, insbesondere dann, wenn eine Praktikumsanleiterin Sie für eigene Interessen vereinnahmen will.
Die abschließenden Gedanken gelten Ideen, zu welchen Themenkreisen gemeinsame Reflexionsgespräche mit Ihrer Praktikumsanleiterin nützlich sind und wie Sie am besten mit Ihrer Anleiterin sprechen können.

Wozu eine Praktikantin gut ist

Studierende sind während eines Praktikums auszubilden. Das ist nicht selbstverständlich. Denn nicht alle Einrichtungen eignen sich als Ausbildungseinrichtung. Das liegt u.U. an einer unzureichenden personellen Ausstattung oder nicht hinreichender Qualifikation der Mitarbeiter. Die pädagogische Qualität der Arbeit oder das Selbstverständnis der Erzieherinnen entspricht nicht objektiven Ausbildungsanforderungen. Trotz einiger Anstrengungen im Fortbildungsbereich haben sich bislang nur wenige Erzieherinnen als Anleiterinnen qualifizieren können. Und es verstehen sich keineswegs alle Einrichtungen, die Praktikantinnen einstellen, als Ausbildungsort.

Sie treffen in der Regel nicht auf einen für Sie abgestimmten Ausbildungsbereich. Vielmehr erleben Sie das Berufsfeld mit seinen typischen Beeinträchtigungen, aber auch mit Chancen und Entwicklungsmöglichkeiten. Dazu gehört für Sie zuallererst die Praktikumsanleiterin selbst. Bevor Sie Ihre Erwartungen und Wünsche an eine Anleiterin näher formulieren, nehmen Sie einmal zur Kenntnis, wie Anleiterinnen Praktikanten wahrnehmen.

Wir können auf den Tonbandmitschnitt eines Treffens von Praktikumsanleiterinnen zurückgreifen. Anonymisiert veröffentlichen wir einige der markantesten Stellungnahmen:

Interviewer: *Darf ich Sie bitten, mir Ihre Erwartungen gegenüber Praktikanten mitzuteilen?*

1. PA: *Sie dürfen junger Mann, Sie dürfen! Das ist ganz einfach. Ich brauche jemanden mit schneller Auffassungsgabe. Bei der miserablen Personalausstattung nutzt mir nur eine Praktikantin, die schnell begreift, wo sie anpacken muss. Genügt Ihnen das?*

2. PA: *Ja, ich glaube, dass es ganz gut ist, wenn eine Praktikantin zu uns kommt. Also ich denke, d.h. ich erhoffe mir da doch einige Anregungen. Die Praktikantinnen bringen doch immer wieder mal neue Ideen von der Schule mit und probieren auch neue Methoden aus. Also für mich sind das ganz wichtige Impulse.*

3. PA: *Es kommt immer auf die Praktikantin an. Wenn die selbstbewusst genug ist, geht es in der Regel ganz gut. Wenn ich mich aber dauernd um eine Praktikantin kümmern muss, dann wird*

es schwierig. Also, dazu habe ich ehrlich gesagt, keine Zeit. Die Schule sollte da nicht zu hohe Ansprüche an die Anleitung stellen, so Ideen, die gar nicht in die Praxis passen. Man kann ja nicht stundenlang mit einer Praktikantin planen oder reflektieren!

4. PA: *Die Mädchen sind ja noch sehr jung. Irgendwie freuen die sich darauf, mit den Kindern zusammen zu sein und etwas zu unternehmen. Ach, ich weiß noch, wie schwer es mir fiel, mich gegenüber den Kindern zu behaupten. Am Anfang ist das ganz schwierig, Kinder in ihren Ansprüchen zu begrenzen. Und in den letzten Jahren ist das noch schwieriger geworden, manchmal richtig anstrengend. Viele Kinder sind nicht gut erzogen ... ja, was ich erwarte? – Nun, ich erwarte mehr von mir. Ich möchte Praktikantinnen ermutigen, nicht vor schwierigen Situationen wegzulaufen oder gar zu verzweifeln, wenn etwas nicht richtig klappt.*

5. PA: *Eine Praktikantin stärkt zuerst einmal das Gruppenteam. Man hat eine zusätzliche Partnerin, die die Arbeit mitträgt und die auch da ist, dass man mal Dinge bereden kann, die einen belasten. Ein Team ist ja oft eingefahren. Da ist es gut, wenn jemand von außen mit anderen Ohren zuhört und mit einem anderen Auge auf das blickt, was bei uns los ist."*

6. PA: *Also ich bin vorsichtig geworden mit Praktikanten. Wir hatten mal eine: Das war ziemlich ärgerlich, was die in der Schule über unsere Einrichtung erzählt hat. Ihren Praktikumsbericht bekamen wir nie zu Gesicht. Aber sie muss unsere Arbeit sehr schlecht dargestellt haben. So hat es mir unsere Vorpraktikantin erzählt. Ich bin jedenfalls gewarnt, wenn Praktikanten gleich nach unserem Konzept verlangen, überall herumfragen und nur zugucken, was man macht. Solche Leute brauchen wir nicht.*

7. PA: *Oft kommen Praktikanten ja mit ganz naiven Vorstellungen von der Praxis, z.B. dass man hauptsächlich mit Kindern spielen, basteln oder turnen kann. Manche gebärden sich sogar wie ein weiteres Gruppenkind. Die haben noch gar nicht*

begriffen, was die Rolle als Erzieherin verlangt. Denn Praktikanten sollten schon umsichtig sein, Verantwortung in der Gruppe mit übernehmen oder auch Einfühlungsvermögen zeigen und Autorität ausstrahlen. Also ich wünsche mir von Praktikanten einen realistischen Blick, klare Vorstellungen von der Berufsrolle und vom Arbeitsfeld.

8. PA: *Ich will, dass meine Praktikantin ihre Zeit verantwortlich nutzt; für ihre Ausbildung, aber auch zu unserer Unterstützung. Ich nehme eine Praktikantin nur, wenn ich den Eindruck habe, dass die weiß, was sie will. Die ist neugierig und die wird sich aus eigener Kraft einarbeiten. Mit einer Praktikantin, die Eigeninitiative entwickelt, kann ich Klartext reden. Da bin ich bereit, Fragen zu klären und von meinen Erfahrungen zu berichten.*

Was erwarten Sie von Ihrer Praktikumsanleiterin?

Wozu eine Praktikumsanleiterin gut ist – Übungen

Die Stellungnahmen können Sie nutzen, um sich über die Gestaltung der Beziehung zu Ihrer Praktikumsanleiterin klar zu werden. Mit welcher Praktikumsanleiterin würden Sie am ehesten zusammenarbeiten wollen? Treffen Sie eine Entscheidung und versichern Sie sich der Gründe für Ihre Zustimmung. Inwieweit können Sie die Einstellungen der anderen Praktikumsanleiterinnen nachvollziehen und inwieweit können Sie diese billigen?
Wie wollen Sie von der Praktikumsanleiterin wahrgenommen werden? Ergänzen Sie mit wenigstens drei Sätzen: Als Praktikantin bin ich jemand,

Ihr „ideales Selbstbild"

Sie werden mit Ihren Sätzen Ihr „ideales Selbstbild" als Praktikantin skizzieren. Sie umschreiben nicht nur, wie Sie wahrgenommen werden wollen, sondern auch, wer Sie sein wollen. Damit kommen Sie Ihrem unausgesprochenen „Programm" auf die Spur, der Leitidee für Ihre Rolle. Mit dieser Vorstellung können Sie beginnen, einen ersten Faden für eine Arbeitsbeziehung zu Ihrer Praktikumsanleiterin zu knüpfen. Prüfen Sie sich dann weiter:

* Wie können Sie Ihr „ideales Selbstbild" der Praktikumsanleiterin vorstellen und vermitteln?
* Was werden Sie dafür tun?

Treffen Sie hierzu drei konkrete Abmachungen mit sich selbst. Zur Veranschaulichung ein Beispiel:

Wenn ich mich am Montag bei meiner Praktikumsanleiterin vorgestellt habe, werde ich sie bitten, mir die Einrichtung zu zeigen und den üblichen Tagesablauf zu erläutern. Ich werde ihr sagen, dass ich mich so schnell als möglich auf die Arbeit einstellen will, dass ich aber auch eine Befürchtung habe: Belästige ich Dich, wenn ich viel fragen werde?

Ich werde sie um einen Zeitraum bitten, wo wir beide ohne Ablenkung durch andere Personen oder Aufgaben miteinander sprechen können.

Mein Wunsch an die Praktikumsanleiterin wird sein: Helfe mir die alltäglichen Aufgaben zu verstehen und erläuterte mir Deine Vorgehensweise bei einzelnen Kindern in der Gruppe!

Beziehungsarbeit

Sie können freilich auf die Beantwortung der oben gestellten Fragen verzichten und darauf vertrauen, dass allein die Praktikumsanleiterin zu Ihnen eine passende Beziehung anbahnen wird. Beziehungsstiftung ist eine zweiseitige Angelegenheit. Tragfähig wird sie als Ergebnis eines beidseitig ausgehandelten Prozesses, in dem subjektive Wünsche, Absichten und Hoffnungen und objektive Ziele, Notwendigkeiten bzw. Aufgaben ausgetauscht werden. Eine Beziehung ergibt sich immer ... irgendwie. Fraglich bleibt allein, ob ohne Ihr Zutun eine Beziehung entsteht, wie Sie sie auch wollen.

Versichern Sie sich der grundsätzlichen Richtung, von der her die Beziehung zu Ihrer Praktikumsanleiterin geprägt sein soll.

Welcher der beiden folgenden Sätze steht für Sie an erster Stelle?:

Kerstin: *Ich erhoffe mir, dass die Praktikumsanleiterin mich mag und mir freundschaftlich begegnet!*

Anne: *Ich wünsche von meiner Praktikumsanleiterin als eine Mitarbeiterin akzeptiert zu werden, die lernen will, pädagogisch zu erziehen!*

Hinter Kerstins Stellungnahme kann hintergründig ein privater Beziehungswunsch stecken. Sie sucht u.U. mehr die persönliche Anerkennung unabhängig von ihrer Arbeit und ist geneigt, eine Freundschaft zu beginnen.

Anne bestimmt das Verhältnis zur Praktikumsanleiterin vorrangig als Arbeitsbeziehung. An erster Stelle steht für sie die Sache des Lernens, die Sache der Kinder sowie die berufliche Zusammenarbeit mit der Praktikumsanleiterin.

In der Regel wird das Bemühen um eine Arbeitsbeziehung immer auch verbunden sein mit Wünschen nach einem persönlich befriedigenden Verhältnis. Das gilt umgekehrt genauso: Ein privat gestimmter Beziehungswunsch muss seine Kraft auch in der gemeinsamen Arbeit zeigen. Entscheidend jedoch bleibt: Welche Richtung betonen Sie?

Manipulative Beziehungsmotive

Wahrscheinlich ist für Sie leicht einsichtig, dass bei vorherrschend privaten oder taktisch bestimmten Beziehungswünschen der Praktikumsanleiterin Verwirrungen entstehen können:

- Eine Praktikumsanleiterin sucht den Kontakt zu Ihnen jenseits der gemeinsamen Arbeitszeit, erwartet Verständnis für private Probleme;
- Eine Praktikumsanleiterin sucht Ihre Zustimmung bzgl. ihrer Position im Mitarbeiterkreis; sie wirbt um Ihre Unterstützung für den eigenen Standpunkt oder benutzt Ihre Anwesenheit ungefragt, um die eigene Meinung gegenüber Kolleginnen zu bekräftigen.

Ist das Verhältnis „Praktikumsanleiterin – Praktikantin" von derartigen Beziehungswünschen bzw. Machtansprüchen beherrscht, droht jede kritische Distanz verloren zu gehen. Kritische Distanz ist jedoch eine Bedingung für die Möglichkeit sachlicher Beurteilung Ihres Könnens und fachlicher Zusammenarbeit. Kritische Distanz muss nicht auf Sympathie verzichten, aber sie hilft, einen emotionell beherrschten Umgang miteinander zu begrenzen. Eine sympathische Zuneigung unterstützt durchaus die Sache Ihrer Ausbildung. Das gilt für die Praktikumsanleiterin. Für Sie ist es ebenso wichtig, die Sache Ihrer beruflich-fachlichen Entwicklung voranzutreiben.

Kann sich darüber hinaus eine Freundschaft anbahnen, begrüßen Sie das als ein Geschenk. Erheben Sie aber die Qualitäten einer Freundschaft nicht zu Zielkriterien für eine Arbeitsbeziehung mit Ihrer Praktikumsanleiterin.

Im Gespräch mit der Praktikumsanleiterin

Was können Sie tun, um eine nützliche Arbeitsbeziehung mit Ihrer Praktikumsanleiterin zu gewinnen? Eine Arbeitsbeziehung sichern Sie vor allem durch klare inhaltliche Vorstellungen darüber, was Sie mit der Anleiterin besprechen wollen und über die Art, wie Sie mit ihr reden.

In den voranstehenden Abschnitten sind etliche Themen für ein fachliches Gespräch mit der Praktikumsanleiterin genannt worden. Die zahlreichen Fragen zielen auf Ausbildungsinhalte, über die Sie gemeinsam nachdenken können. Zusammenfassend werden hier drei Themenkreise skizziert, die den Gang Ihrer beruflich-fachlichen Entwicklung betreffen. Die alltäglichen Arbeitsanforderungen und Ihre Ausbildungsansprüche konzentrieren sich in drei Entwicklungsaufgaben:

1. Ihren Vorstellungen von der Berufsrolle;
2. Ihre Weise, Kinder wahrzunehmen;
3. Ihr Konzept pädagogisch-praktischen Handelns *(→ vgl. Gruschka u.a.)*

Für Ihre Lernperspektive bedeutet das: Im Laufe Ihrer Ausbildung wollen und sollen Sie realitätsgerechte Vorstellungen wie visionäre Ideen von Ihrer künftigen Berufsrolle entwickeln.

Sie wollen und sollen Kinder in einer pädagogisch gerechtfertigten Weise verstehen. Das bedeutet, sich in kindliches Begreifen hineindenken, in kindliches Erleben einfühlen und sich kindliches Verhalten erklären können.

Sie wollen und sollen handlungsfähig werden und lernen, Kompromisse zu finden zwischen Ihren pädagogischen Einfällen bzw. Ansprüchen einerseits und den real vorfindlichen Bedingungen andererseits.

Worüber sich mit der Praktikumsanleiterin zu sprechen lohnt

Wenn Sie mit der Praktikumsanleiterin über Ihre alltäglichen Handlungsweisen nachdenken, wie Sie z.b. „Kinder ermutigen" oder wie Sie sich „gegenüber Kindern durchsetzen", lässt sich ein Bezug zu Ihren Entwicklungsaufgaben herstellen. Sie können prüfen, inwieweit Sie Lösungen für die Entwicklungsaufgaben gefunden haben, inwieweit Sie also pädagogisch-praktisch orientiert sind: Wenn Sie „Kinder ermutigen" als eine wichtige Aufgabe Ihres erzieherischen Handelns betrachten, bestimmen Sie damit auch einen wesentlichen Gesichtspunkt Ihres Berufsrollenverständnisses. In anderer Weise tun Sie das mit dem Willen, „sich gegenüber Kindern durchzusetzen". Zu ihrer Berufsrolle gehört damit ein unterstützendes, ein förderndes Element. Sie zeigen aber auch, dass Sie bereit sind, Kraft und Widerstand gegen unvernünftiges, schädliches Verhalten von Kindern einzusetzen.

Im Blick auf die Fremdwahrnehmung von Kindern wäre darüber nachzudenken, in welchen Situationen Kinder in welcher Weise ermutigt werden können. Und wann ist es notwendig, gegen kindliche Absichten zu wirken, eine angemessene Weise zu finden, die eigenen aggressiven Kräfte gegen den Willen von Kindern ins Spiel zu bringen.

Mit diesen Gedanken sind Sie schon mitten drin in konzeptionellen Überlegungen der dritten Entwicklungsaufgabe. Zu welchem Zweck etwa ermutigen Sie Kinder, welche Mittel und welche Strategien können Sie einsetzen, um verschiedene Kinder zu locken, Mut zu entwickeln, ein Problem zu lösen, ein riskantes Spiel einzugehen oder sich eine schwierige Übung zuzutrauen? Und im Blick auf die Fähigkeit „sich gegenüber Kindern durchzusetzen": Welche Rechtfertigungen kann es geben, Ihren eigenen Willen gegen den von Kindern zu richten und durchzusetzen? Welche Ziele verfolgen Sie dabei? Und ebenso wichtig zu klären ist dabei die Frage nach einer für Kinder akzeptablen Methode und den einzusetzenden Mitteln der Durchsetzung.

Sie werden hier den heiklen erzieherischen Grenzbereich des Strafens berühren.

Es sollte deutlich geworden sein, wie Sie Themen für Gespräche mit Ihrer Praktikumsanleiterin finden können, die unmittelbar auf Ihre Praxis und Ihre beruflich-fachliche Entwicklung bezogen sind: Ausgangspunkt sind alltägliche Verhaltensweisen (z.B. sichere und schon geläufige einerseits, Ihnen unangenehme andererseits); Bezugspunkte sind drei Entwicklungsaufgaben Ihres beruflich-fachlichen Prozesses, die stichwortartig abgekürzt so zu bezeichnen sind:
1. Berufsrollenverständnis
2. pädagogisch zu rechtfertigende Fremdwahrnehmung
3. pädagogisch-praktisches Handlungskonzept

Wie Sie konstruktiv mit Ihrer Praktikumsanleiterin reflektieren können

Wie nun können Sie mit Ihrer Praktikumsanleiterin sprechen, damit eine tragfähige Arbeitsbeziehung entsteht? Vielleicht können Ihnen dabei einige Überlegungen Annes helfen.

Aus Annes pädagogischem Tagebuch

Mit Christine, meiner PA, habe ich teils Glück, teils könnte es anstrengend werden. Sie ist interessiert, was ich für die Schule machen muss und versprach mir, sich donnerstags zwei Stunden Zeit zu nehmen. Dann könnten wir über alles reden. Andererseits erzählt sie mir auch viel von sich, von ihrem Freund und ihrem anstehenden Winterurlaub. Ein bisschen komisch fand ich es, dass sie mich schon am dritten Arbeitstag zu sich eingeladen hat.
Eine Arbeitsbeziehung finden, hat uns die Strobel diktiert. Ich will mein Interesse, meine Neugier auf Christines Privatleben begren-zen. Ich will sie vor allem fragen, wie sie sich in bestimmten Situationen verhält und warum sie manche Dinge macht. Ich denke, da Christines Ausbildung erst vier Jahre zurück liegt, wird sie sich wohl noch leicht erinnern, wie es für sie im Praktikum war. Ich möchte wissen:

- *Wie hat sie Sicherheit in Ihren praktischen Entscheidungen gefunden?*
- *Wie hat sie die Furcht in den Griff gekriegt, aggressiven Kindern nicht gewachsen zu sein?*
- *Wie stellt sie sich auf den Streit zwischen Kindern und auf Konflikte mit Kindern ein?*

Meine zwei wichtigsten Fragen werden wohl nicht einfach zu beantworten sein. Aber bis zum Praktikumsende will ich mich schlau gemacht haben:

- *Wie kriegt sie heraus, was die Kinder wirklich von ihr brauchen?*
- *Welche Mittel hat sie, differenziert auf die verschiedenen Kinder einzugehen?*

Nein, das ist zu ungenau gefragt. Ich glaube, es ist besser, von einzelnen Verhaltensweisen auszugehen. Also:

- *Was tut sie, um sich gegenüber aggressiven Kindern zu behaupten?*

Das trifft es immer noch nicht. Eigentlich beschäftigt mich mehr, dass ich Bärbel nicht trösten konnte. Ich habe beruhigend auf sie eingeredet, habe sie vorsichtig über die Schultern gestrichelt. Aber Bärbel hat meine Hand weggeschubst und weiter geschnupft, den Kopf im Ellbogen versteckt. Dann bin ich einfach bei ihr sitzen geblieben, habe nach zwei Minuten wieder vorsichtig gefragt: „Was ist denn los?" Keine Reaktion. Die Kleine blieb unzugänglich; d.h. ich fand keinen Zugang zu ihr. Also nehme ich diese Szene, um Christine nach ihren Erfahrungen zu fragen.

- *Hast du schon einmal erlebt, dass ein Kind sich von dir nicht trösten lassen wollte?*
- *Wie hat das auf dich gewirkt?*
- *Wie hast du dich dabei verhalten?*
- *Welche Möglichkeiten hätte ich denn bei einem ähnlichen Fall wie mit Bärbel?*

So könnte es gehen. Damit komme ich wohl konkret zur Sache. Und ich werde Christine darauf ansprechen, wie es ihr in ihren Praktika erging.

Was steht im berühmten Schatzkästlein der Alexa Goldbach?
Herzlich bei der erzieherischen Sache sein!

Kapitel 7

Abschied als Chance

Wie Sie sich von Kindern und Mitarbeiterinnen verabschieden können

Ein Praktikum ist zeitlich auf wenige Wochen begrenzt. Die gerade erreichte Sicherheit, Orientierung und positive Gewöhnung, die neuen Beziehungen, Einübung in alltägliche Handlungsabläufe und Zeitrhythmen kommen schnell wieder zu einem Ende. Als Praktikantin sind Sie in den Augen von Erzieherinnen, Kindern und Eltern Vorübergehende. Man war bereit, sich eine begrenzte Zeit auf Sie einzustellen. Man hat sich kennen und schätzen gelernt, Konflikte und Differenzen überbrückt.

Dem Ende entgegengehend ist es möglich, genauer zu fragen, was von einem Praktikum bleiben wird oder bleiben soll. Welchen Platz, welche Bedeutung kann das Erlebte für Sie bekommen? Vor einer Rückschau, vor einer Erfahrungssicherung und Reflexion in einem Praktikumsbericht wird es wichtig, für den Abschluss des Praktikums, den Abschied von Kindern und Erzieherinnen aufmerksam zu werden. Es gibt eine Zeit, in der man sich aufeinander einstellt, sich entdeckt, abschätzt und schätzen lernen kann. Und es gibt eine Zeit, da man über die gewonnene Beziehung hinaus schaut. Man beginnt sich zu lösen und ist vielleicht darüber traurig, dass eine erfreuliche Partnerschaft bei der Arbeit zu Ende geht. Doch es kann auch freudig stimmen, das Praktikum bald geschafft zu haben: Ein Themenwechsel steht an. Sie wechseln wieder den Ausbildungsort und die Ausbildungsbedingungen. Und Abwechslung erfreut.

- Ab welchem Zeitpunkt begannen Sie, über die fest-
gelegte Praktikumszeit hinaus zu schauen?
- Haben Sie eine Idee, bewusst mit Ihrem Praktikum
aufzuhören?

Was das Ende des Praktikums bedeuten kann

Ihren bevorstehenden Weggang von der Praktikumsstelle können
Sie gestalten. Sie hören auf. Darin steckt eine doppelte Bedeutung:
Etwas beenden und auf etwas hören! Eine Zeit beenden heißt, sie
aktiv gestalten und nicht das Ende irgendwie über sich ergehen lassen.
Und worauf können Sie hören, wenn die Zeit des Praktikums zu Ende
geht? Sie können in sich hinein hören, was Sie im Blick auf Ihren
Abschied empfinden. Sie können darauf aufmerksam werden, was
das Ende des Praktikums für Sie bedeutet. Schließlich ist beach-
tenswert, wie Ihr Abschied von den Kindern, Ihrer Praktikumsanleiterin, den Kolleginnen oder manchen Eltern erlebt werden wird.
Wird ihnen der Abschied schwer oder leicht fallen, sind die Kinder
vielleicht unzufrieden, dass Sie gehen müssen, traurig oder empört;
oder nehmen die Kinder es kaum zur Kenntnis, dass Sie ab nächster
Woche nicht mehr in die Kindertagesstätte kommen?

Meist wird die Imagination des Abschieds von einer Gefühlsmi-
schung bestimmt. Unterschiedlichste Deutungen beherrschen die
Eindrücke, abhängig von der Intensität Ihrer Beziehungen und der
Erlebnisdichte während des Praktikums. Um nicht einfach wegzuge-
hen, müssen Sie eine sinnvolle Form des Abschieds finden. Es ist
nützlich, in den letzten Tagen darüber nachzudenken, wofür Sie
während Ihres Praktikums dankbar waren und sich nun bedanken
wollen:
Kinder und Erzieherinnen ließen Sie einige Wochen an Ihrem Leben
teilnehmen, erzählten von ihren Freuden, Sorgen, Kümmernissen.
Sie gaben Ihnen Einblicke in ihre Interessen, Verletzungen, Wünsche, Träume und Enttäuschungen.
Die Kolleginnen trauten Ihnen zu, die Kinder zu betreuen, zu helfen,
sie zu unterstützen und Anstöße zu geben. Die Praktikumsanleiterin
hat sich Ihrer kritischen Wahrnehmung ausgesetzt, hat sich Zeit

genommen, auf Ihre Fragen einzugehen, hat Verständnis gezeigt und Anregungen gegeben. Sie hat Sie ermutigt, angeleitet, Ihre Eigenheiten ertragen, hat Ihre Arbeit beurteilt, Ihre Beiträge geschätzt, kurz: Sie hat Sie eine wichtige Wegstrecke Ihrer Ausbildung begleitet.

Wodurch Sie sich beschenkt wissen können

Schreiben Sie eine Liste, die dokumentiert, was Sie von Kindern und den Erwachsenen während Ihres Praktikums bekommen haben, Angenehmes und Erfreuliches wie auch Unangenehmes.

Wenn man sich beschenkt weiß, wenn man das, was man miteinander ausgetauscht, was man mitgeteilt und vermittelt hat, nicht als selbstverständlich hinnimmt, kann man auch schenken. Wenn Sie sich darüber freuen können, was Kinder von Ihnen gefordert und wie sie Sie begeistert haben, dann richten Sie eine kleine Abschiedsfeier aus oder übergeben ein Abschiedsgeschenk.

Auch wenn nicht alles erfreulich war oder glatt lief, unangenehme Erfahrungen können Sie bereichern, dann nämlich, wenn sich durch sie das Realitätsprinzip durchsetzt. An der Widerständigkeit der Wirklichkeit, die nun mal auch schmerzlich ist, kann sich eine realistische Wahrnehmung entwickeln. Ent-Täuschungen beenden Täuschungen, heben Fantasien und Wahrnehmungstrübungen auf. Erziehung lernen heißt auch, die Verlockung des kindlichen Lustprinzips durch das Realitätsprinzip abzulösen. Das bedeutet, sich den notwendigen Aufgaben zu stellen und Widerstände auszuhalten.

In diesem Sinne erziehen Sie Kinder nicht nur realitätsgerecht. Sie ermöglichen es Kindern vielmehr, sich elementar zu bilden. Bildung bedeutet, den Kindern zu zeigen, wie man sich gegenüber den alltäglichen Widrigkeiten vernünftig verhalten kann und so sein Leben meistern lernt.

Was Sie zum Abschied schenken können

Wie können Sie mit Ihrer Verabschiedung beginnen und Kinder wie Mitarbeiter beschenken? Hören wir in ein Gespräch hinein, das einige Praktikanten geführt haben:

Kai: *Wie schafft ihr denn den Abgang?*

Mira: *Was soll da zu schaffen sein? Freitag ist Schluss. Die Beurteilung spreche ich mit meiner PA morgen durch. Ich werde 'ne Flasche Sekt und Orangensaft mitbringen, Freitag meine ich; kurz und schmerzlos.*

Birgit: *Und die Kinder? Was sagst du denn denen? Einfach Tschüss? Das ist doch zu billig!*

Vasina: *Ach, Mira macht doch gerne auf obercool. Lass mal sein. Ich werde mit den Kindern nachmittags eine Abschiedsrunde mit Tee machen. Dazu werde ich etwas backen und eine Geschichte von der Astrid Lindgren vorlesen. Und meine PA soll ein Gruppenfoto machen für meine Sammlung. Das Praktikum war für mich eine kurze, aber sehr schöne Zeit.*

Birgit: *Ich überlege noch, wie ich mich verabschieden kann. Bei manchen Kindern stimmt es mich traurig zu gehen.*

Kai: *Und andere siehst du sowieso lieber von hinten?*

Birgit: *Pah. Ich habe den Kindern schon gesagt, dass ich noch ein- oder zweimal vorbeischauen werde, wie es ihnen geht. Guckt nicht so; das mache ich auch wegen meiner PA. Wir verstehen uns halt.*

Sandra: *Bei uns wird es noch nicht so der große Abschied. Ich mache ja noch bei den Vorbereitungen zum Sommerfest mit. Da werden die anderen sich für meine Verabschiedung noch etwas ausdenken. Und auf dem Fest habe ich sicher auch Gelegenheit, mich bei den Eltern meiner Gruppe zu bedanken. Die haben mich genauso ernst genommen, wie andere Erzieherinnen. Für mich war das gut, eine völlig neue Erfahrung. Den Kindern werde ich einen Kasten von Playmo schenken. Damit spielen sie gerne.*

Birgit: *Was denkt ihr denn? Könnte man der Gruppe eine schöne große Grünpflanze schenken? Oder ist das zu aufdringlich?*

Kai: *Musst ja nicht gleich 50 Euro investieren!*

Mira: *Also ich will mich nicht bei den Kleinen verewigen. Es ist doch gut, wenn die lernen: Man ist 'ne Zeit dabei und dann gibt es wieder neue Beziehungen.*

Vasina: *Und dir tut es gar nicht Leid, dass du nicht länger bleiben kannst?*

Mira: *Was heisst hier Leid? Klar habe ich bestimmte Kinder ganz gern. Aber da das Praktikum eine begrenzte Sache ist, habe ich mich auch nicht so tief hineingehängt. Übrigens: Mit Ellen, meiner PA, bin ich noch weiter zusammen. Der Berger will sie demnächst in den Unterricht einladen, als Expertin. Und das Team hat angeboten, dass wir von der Schule aus in kleinen Gruppen dort hospitieren können.*

Kai: *Ach, deshalb weinst du keine Tränen. Schau, bei mir wird der Abschied von den Kolleginnen in kleiner Kaffeerunde gefeiert, am Freitag. Und dann werde ich ihnen später noch meinen Bericht bringen. Da sind sie ganz wild drauf.*
Ach, der Berger wollte für den Bericht ja noch wissen, was uns und was die Kinder beeindruckt hat. Sollen wir da 'ne Geschichte erzählen? Was schreibt ihr denn dazu?

Birgit: *Dann fangen wir doch an zu erzählen, was uns mit den Kindern gefallen hat. So kann man auch Abschied nehmen. Also ich war hin und futsch von Sofie, ...*

Die Studierenden haben ihre Arbeitsbeziehungen während des Praktikums unterschiedlich erlebt. Und ganz verschieden ist ihre Art, wie sie ihren Abschied aus der Einrichtung vorbereiten.
Verschaffen Sie sich einen Überblick über ...
... Ihre Motive, sich in einer bestimmten Form zu verabschieden;
... Ihre Möglichkeiten, sich von Kindern, Erzieherinnen und Eltern zu verabschieden;
... die zu erwartenden Wirkungen eines gestalteten Abschieds für die Kinder, die Erzieherinnen und zuletzt auch für Sie selbst.
Wenn Sie sich in aller Form verabschieden wollen, wie werden Sie es tun?

> Und welche Weisheit zum Thema Abschied
> hält das Schatzkästlein von Frau Goldbach bereit?
> *Das Ende eines Schrittes*
> *ist der Anfang eines neuen!*

Wie Sie Ihre Praxiserfahrungen sichern können

Ausbildung, Ihre beruflich-fachliche Kompetenzentwicklung fordert eine Aufarbeitung Ihres Praktikums. Eindrücke und Erlebnisse der vergangenen Wochen sollten Sie erfahrener werden lassen. Die Schule begnügt sich nicht mit Ihrem bereits intuitiv gewonnenen Erfahrungswissen. Sie verlangt eine ausdrückliche Reflexionsform: den schriftlichen Praktikumsbericht.

Was Sie erleben und was Sie während eines Praktikums beeindruckt, nehmen Sie meist unbewusst mit all Ihren Sinnen wahr. Ihr Körper speichert im Umgang mit Menschen intuitiv Erfahrungswissen, von dem Sie manchmal in kritischen Situationen überrascht werden. Sie entdecken, dass Sie spontan etwas richtig und treffend gemacht haben, ohne dass Ihnen klar war, wie Sie sich verhalten sollten.

Für die bewusste Entwicklung Ihrer beruflichen Kompetenzen ist die Auseinandersetzung mit erzieherischen Vorstellungen, den pädagogischen Ideen Ihrer Mitstudierenden, den Lehrkräften und Ihren künftigen Kolleginnen unabdingbar. Ein nicht geringer Teil Ihrer praktischen Erlebnisse müssen Sie sprachlich vermitteln können. Nur so bleiben Sie in einem anregenden fachlichen Gespräch. Nur so vermeiden Sie egozentrische Selbstzufriedenheit und ein enges Verständnis Ihrer beruflichen Aufgaben.

Techniken zur Sicherung von Eindrücken und Erlebnissen

Es gibt verschiedene Wege und Anlässe, Praktikumseindrücke zu sichern. Vielleicht erst gewöhnungsbedürftig ist für Sie der Einbezug schriftlicher Techniken. Sie sind es gewohnt, mit anderen Menschen über Ihre Erlebnisse zu sprechen. Das geschieht meist beiläufig, in unterhaltsamer Form, anekdotisch zugespitzt. Sie kennen auch ausdrückliche fachlich orientierte Reflexionsgespräche. Beides sind mündliche Techniken, um sich der eigenen Erlebnisse zu vergewissern.

Schriftliche Formen der Selbstvergewisserung verlangsamen diesen Prozess. Sie erlauben eine überlegte Wortwahl und eine nachdenkliche Konstruktion von Zusammenhängen. In einem Bericht gestalten Sie Ihr Wissen und Können in einer Weise, die es Ihnen wie fremden Lesern erlaubt, Ihr pädagogisch-praktisches Konzept zu verstehen und zu kritisieren. Nicht alle Impulse, die Ihr erzieherisches Handeln praktisch bestimmen, können Sie schriftlich fassen. Aber das, was Sie von Ihrem Tun wirklich begriffen haben, können Sie begrifflich wiedergeben. Sie zeigen damit das Maß Ihrer vermittelbaren pädagogisch-praktischen Orientierung.

Schriftliche Aufzeichnungen und Fragetechniken

Für ein Praktikum bekommen Sie meist verbindliche Beobachtungsaufträge. Um diese abzuarbeiten lernen Sie, kleine Beobachtungsprotokolle anzufertigen. Beobachtungen in einer Zeitspanne von 5 bis 15 Minuten werden Sie stichwortartig notieren. Sie beziehen sich dabei auf äußerliches Verhalten und Handeln von Kindern, auf die Beschreibung äußerer Umstände der Beobachtungssituation und auf das, was die Kinder sagen. Vom Zweck der Beobachtung und nach dem Interesse Ihrer Erkenntnis werden Sie derartige Notizen sortieren, zusammenstellen und für Ihren Bericht verwenden.

Neben diesem Vorgehen lohnen sich noch andere Aufzeichnungen:

- Die Anlage einer Kartei über Kinder, mit denen Sie sich auseinandersetzen. Sie notieren zunächst alles, was Ihnen über das Kind auffällt, was Sie sehen. Sinnvoll ist auch, dass Sie aufschreiben, was Ihnen zu einem Kind einfällt, also was Sie denken und fantasieren. In einem weiteren Schritt können Sie das Material ordnen, z.B. nach Entwicklungsbereichen des Kindes, nach seinen Vorlieben und Interessen, nach seinen spezifischen Bedürfnissen usf. Jetzt ist es auch wichtig, eigene Vorstellungen, Bilder sowie intuitive Einsichten von Kindern von dem zu unterscheiden, was offensichtlich ist. Deutungen und Interpretationen brauchen einen objektiven Anhaltspunkt. Im auswertenden Gespräch über Ihre Eindrücke können Sie Ihren Projektionen und Übertragungen auf die Spur kommen.
- Nachträgliche Notizen zu Gesprächen, die Sie mit Ihrer Praktikumsanleiterin, mit der Leiterin der Einrichtung oder Ihrer Mentorin geführt haben: Hierdurch versichern Sie sich, was Sie wirklich verstanden haben und was Ihnen wichtig ist. Derartige Aufzeichnungen können Ihnen helfen, Missverständnisse zu klären und verbindliche Vereinbarungen zu treffen.

Was aber ist wert aufgeschrieben zu werden? Dazu einige Fragen:

- Was war mir in dem Gespräch wichtig?
- Was habe ich nicht verstanden *(und müsste es daher abklären)*?

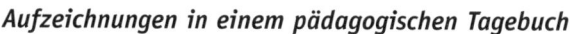

- Was war meinem Gesprächspartner wichtig? Welche Begriffe hat er immer wieder gebraucht?
- Bei welcher Sache fühlte ich mich unwohl?
- Was habe ich vergessen anzusprechen?

Aufzeichnungen in einem pädagogischen Tagebuch

Für die begrenzte Zeit eines Block- oder Tagespraktikums genügt für Tagebuchaufzeichnungen meist ein kleines Heft. Mit entsprechend gestaltetem Einband kann es Sie ermuntern, am Ende eines Tages Ihre Erinnerungen, Einfälle und Überlegungen wiederzugeben. Das Tagebuch kennt keine Zensur und keine zu rechtfertigende Ordnung. Es enthält Ihren Erfahrungsschatz, d.h. Ihre Deutung der Ereignisse, Ihre Fantasien und Wünsche, Ihre Enttäuschungen und Ihre Begeisterung. Anne hat uns für dieses Buch an einigen Stellen Einblick in ihr Tagebuch gewährt. So ist zu sehen, wie das gehen kann: Tagebuch schreiben.

Mit einem Tagebuch entwerfen Sie die Spur Ihrer pädagogischen Entwicklung und gewinnen damit Hinweise darüber, was für Ihr weiter führendes Lernen wichtig werden kann.

Weitere Anregungen zum biographischen Arbeiten bei:
E. Stiller: Dialogische Fachdidaktik Pädagogik Bd. 1.
Ders. *(Hg.)*: Dialogische Fachdidaktik Pädagogik Bd. 2, S. 133ff.
Vgl. J. Korczak: Eindrücke und Notizen aus Sommerkolonien. In: Sämtliche Werke Bd. 10.

Die Abfassung eines Praktikumsberichtes

In der Regel geben Ihnen die Lehrkräfte klare Vorgaben, was Sie in Ihrem Praktikumsbericht darstellen sollen. Zuweilen helfen Ihnen Mustergliederungen, Ihren Gedankenstrom zu bändigen. Der Zweck eines Praktikumsberichts liegt in einer konzentrierten Bilanzierung Ihrer praktischen Erlebnisse und Eindrücke.

Sie sollen beruflich erfahren werden. Dazu müssen Sie das praktisch Erlebte theoretisch deuten. Der Praktikumsbericht ist eine Umsetzung des Grundsatzes:

> Erlebnis / Eindruck + *(Be-)*deutung = Erfahrung

Inhalte eines Praktikumsberichts

Die inhaltliche Ausrichtung eines Praktikumsberichtes ist so unterschiedlich wie die konzeptionelle Orientierung Ihrer Fachschule und deren Unterrichtsdidaktiken. So können an dieser Stelle nur einige Beispiele für Inhalte eines Praktikumsberichtes aufgelistet werden.

Ein Praktikumsbericht enthält ...

- eine Strukturbeschreibung Ihrer Praktikumsstelle; Sie benennen den Aufbau der Gruppen, gehen auf die Personalsituation ein, beschreiben die Adressaten (*Kinder und die „elterliche Kundschaft"*), untersuchen Wochen- und Monatspläne;
- Ihre Planung für ein Spielangebot oder für eine Aktion mit Kindern; Sie beschreiben die Durchführung und die entsprechende Reflexion;
- eine Analyse alltäglicher erzieherischer Verhaltensweisen und bezieht sich damit auf Ihre verschiedenen Entwicklungsaufgaben. Sie schreiben beispielsweise über die erkannten beruflichen Aufgaben, über Ihre eigene Rolle, über die Kontaktaufnahme mit Kindern und die Stabilisierung von erzieherischen Beziehungen, über die Erforschung kindlicher Bedürfnisse, exemplarisch darüber, wie Sie aus einer Bedürfnisanalyse zu pädagogischen Handlungsideen finden, über Ihr methodisches Können in verschiedenen medialen Bereichen, über begrenzte projektorientierte Aktionen mit Kleingruppen usf.

Der formale Aufbau eines Praktikumsberichts

Unabhängig von spezifischen Vorgaben, sind Praktikumsberichte meist dreiteilig angelegt.

1. Im ersten Teil wird der Leser über die Rahmenbedingungen der Praktikumsstelle informiert. Dazu gehört
- die Beschreibung der Lage der Einrichtung, der Bezug zum Wohnumfeld und die Beziehungen zu anderen Institutionen im Stadtteil bzw. Ort.

- die Vorstellung des Einzugsbereiches der zugehöri-
  gen Kinder, ihrer Herkunft und der sozialen Verhältnisse, in denen sie leben.
- der Aufriss der Binnenstruktur der sozialpädagogischen Einrichtung; d.h. der Personalausstattung,
  Räume, Zeitorganisation und des Materialangebots, der konzeptionellen Leitideen, übergreifender Regelungen für die Arbeit
  sowie methodisch-inhaltlicher Schwerpunkte der Einrichtung.

Um die genannten Rahmenbedingungen vorstellen zu können, üben
Sie Ihre Fähigkeit, Recherchen durchzuführen. Sie entwickeln einen
Blick dafür, welchen Einflüssen eine sozialpädagogische Einrichtung
ausgesetzt ist und lernen, Spiel- bzw. Handlungsräume zu erkennen.

2. Im zweiten Teil eines Praktikumsberichtes wird der Blick des Le-
   sers meist auf eine bestimmte pädagogische Aufgabe konzentriert. Es geht um ein Kind oder eine Spielgruppe, um spezifische
   Familienverhältnisse. Es wird ein erzieherisches Problem entfaltet oder eine Fallgeschichte entwickelt. Wie der Bericht hier konkret gestaltet wird, unterliegt den unterrichtsdidaktischen Vorstellungen der Fachlehrer und dem Leistungsstand einer Klasse.

Bei diesem Berichtteil üben Sie sich in genauer Wiedergabe von
Beobachtungen. Sie schulen Ihr Erklärungs- und Reflexionsvermögen
angesichts konkret geschilderter Vorfälle, Geschichten, Beobachtungen oder Fallbeispielen. Des Weiteren fordert die Darstellung Ihr
methodisches Wissen und Ihren Blick für kleine, scheinbar neben-
sächliche Handlungsweisen im Erzieheralltag.

3. Der dritte Teil des Berichtes ist einer Auswertung vorbehalten.
   Sie sollen zeigen, welche Schlussfolgerungen Sie aus Ihren Erlebnissen bzw. aus Ihrem pädagogischen Handeln ziehen können.
   Hier steht Ihr pädagogisches Urteilsvermögen auf dem Prüfstand.
   Zudem müssen Sie Ihre Abstraktionsfähigkeit ins Spiel bringen:
   Was ist verallgemeinerungsfähig aus einem konkreten Vorfall zu
   lernen? Zu welchen Erfahrungssätzen haben Sie durch Ihr Praktikum gefunden? Wie begründen Sie daraus neue Leitideen für Ihr
   pädagogisches Handeln bzw. wie bestätigen Sie schon geläufige
   sozialpädagogische Strategien? Was haben Sie über Ihre berufli-

che Einstellung erkannt? Ist Ihnen deutlicher geworden, was Sie können und woran Sie noch zu arbeiten haben? Im Idealfall schließt dieser Berichtteil mit einer Zwischenbilanz zu Ihrer beruflich-fachlichen Entwicklung. Sie können zeigen, was bei einem Einzelfall von pädagogisch exemplarischer Bedeutung ist, welches Erfahrungswissen Sie gewonnen haben, welche Fragen und welche veränderte Lernperspektive sich für Ihr praktisches Handeln ergeben haben, was für Sie der nächste notwendige Entwicklungsschritt in der Ausbildung zur Erzieherin ist.

Ein Praktikum ist nicht allein deshalb wertvoll, weil Sie Ihr Erfahrungswissen intuitiv anreichern. Im Nachhinein werden Sie manchmal über sich selbst verblüfft sein, in welch problematischen Situationen Sie handlungsfähig waren, Kinder verstanden, ihnen geholfen, sie angeregt und förderlich konfrontiert haben. Umgekehrt wissen Sie meist genauer, in welchen Situationen Sie wie gelähmt waren, einfallslos, unschlüssig hin- und hergerissen durch widerstreitende Gedanken.
Ein Praktikumsbericht veranlasst Sie, sich derartiger Ereignisse bewusst zu werden, um gezielt nach Abhilfen zu suchen. Ein Bericht hilft Ihnen, Ihr mehr oder minder bewusstes Handlungskonzept genauer zu erkennen. Sie geben nicht nur einer Lehrkraft Rechenschaft über den Stand Ihrer pädagogisch-praktischen Orientierung. In erster Linie können Sie sich selbst plausibel machen, worum es Ihnen als Erzieherin geht.

Literatur und Quellen

Flitner, A.: Konrad sprach die Frau Mama – Über Erziehung und Nichterziehung, München 1985.

Geissler, E. E. in: Flitner, A./Scheuerl, H. (Hrsg.): Einführung in pädagogisches Sehen und Denken, München 1984.

Gruschka, A.: Wie Schüler Erzieher werden, Wetzlar 1985.

Gruschka, A./Schomacher, H.: In Praxisfeldern handeln, Berlin 1998.

Dies.: Aus der Praxis lernen, Berlin 1995.

Gruschka, A. u.a.: Handeln in der Praxis und sich Bilden mit Hilfe der Schule, hrsg. vom Landesinstitut für Schule, Weiterbildung und Curriculumentwicklung in Nordrhein-Westfalen, Hamm 1986.

Korczak, J.: Eindrücke und Notizen aus den Sommerkolonien, in: Sämtliche Werke, Bd. 10, Gütersloh 1999.

Mahlke W./Schwarte, N.: Raum für Kinder, Weinheim/Basel 1989.

Schlicht-H.J.: Die Schule kannst du sowieso vergessen, in: Welt des Kindes 4/1997.

Schulz v. Thun, F.: Miteinander reden. Bd. I–III, Reinbek 1989 und 1998.

ders.: Miteinander reden – Kommunikationspsychologie für Führungskräfte, Reinbek 2000.

Stiller, E.: Dialogische Fachdidaktik, Bd. I–II, Paderborn 1997 u. 1999.

Notizen

Profilentwicklung und Angebotserweiterung in der Kindertageseinrichtung

Reihe: Kindertageseinrichtungen konkret – Strategien für Ihren Erfolg; hrsg. von Frank Jansen

Bruno Bongard / Franz Schwarzkopf

Viele Ideen – ein Profil

Methoden der Leitbildentwicklung und Zielbestimmung für engagierte Teams

Die Frage nach dem Selbstverständnis der eigenen Einrichtung beschäftigt viele Teams. Die Autoren zeigen konkrete Schritte auf, wie Kindergartenteams gemeinsam Visionen entwickeln und ein Leitbild konzipieren können, um auf dieser Basis Ziele für die pädagogische Praxis festzulegen.

104 Seiten, Schaubilder, kartoniert
ISBN 3-7698-1238-7

Peter Erath / Claudia Amberger

Vom Kindergarten zum Kinderhaus

Bedarfsgerechte Weiterentwicklung in acht Schritten ·

Das Kinderhaus-Konzept als neue Organisationsform ist eine Antwort auf veränderte Bedarfslagen und steht als Synonym für Angebotserweiterung und für die Öffnung der Kindertagesstätten für neue Zielgruppen. Die Autoren erläutern, wie dieses zukunftsweisende Konzept Schritt für Schritt in die Realität umgesetzt werden kann.

88 Seiten, Schaubilder, kartoniert
ISBN 3-7698-1237-9

Die Kunst, zu überzeugen

112 Seiten, Schaubilder,
kartoniert
ISBN 3-7698-1296-4

Petra Lachnit

Sicher reden – anschaulich präsentieren

Erfolgreiche Vortrags- und Visualisierungstechniken für die Kita-Praxis

Bei Elternabenden, Teamsitzungen oder Kinderkonferenzen kommt es auf gekonntes Reden an. Petra Lachnit liefert das notwendige rhetorische Handwerkszeug für die Vorbereitung und Durchführung eines Vortrags. Mit Tipps zur Visualisierung und zum Einsatz geeigneter Medien.

Sponsored by ...

112 Seiten, Schaubilder,
kartoniert
ISBN 3-7698-1239-5

Christa Zeller

Sozial-Sponsoring

Gewinnbringende Zusammenarbeit zwischen Kitas und Unternehmen

Wenn es nicht an Ideen fehlt, aber an Mitteln, sie zu verwirklichen, hilft oft die Partnerschaft mit Wirtschaftsunternehmen weiter. Christa Zeller entfaltet ein Konzept zur Umsetzung von Sponsoring-Aktionen mit Tipps zu Sponsorensuche, Vertragsgestaltung und begleitender Öffentlichkeitsarbeit.